羽毛球专项技术指标及评价研究

曾海军 著

吉林摄影出版社

·长春·

图书在版编目(CIP)数据

羽毛球专项技术指标及评价研究/曾海军著.--长春:吉林摄影出版社,2024.5
ISBN 978-7-5498-6193-4

Ⅰ.①羽... Ⅱ.①曾... Ⅲ.①羽毛球运动－运动技术－研究 Ⅳ.①G847.19

中国国家版本馆 CIP 数据核字(2024)第 110070 号

羽毛球专项技术指标及评价研究
YUMAOQIU ZHUANXIANG JISHU ZHIBIAO JI PINGJIA YANJIU

| 著　　者:曾海军 |
| 出 版 人:车　强 |
| 责任编辑:罗　晗 |
| 封面设计:豫燕川 |
| 开　　本:787mm×1092mm　1/16 |
| 字　　数:130 千字 |
| 印　　张:9.625 |
| 版　　次:2025 年 1 月第 1 版 |
| 印　　次:2025 年 1 月第 1 次印刷 |
| 出　　版:吉林摄影出版社 |
| 发　　行:吉林摄影出版社 |
| 地　　址:长春市净月高新技术产业开发区福祉大路 5788 号 |
| 　　　　　邮编:130118 |
| 电　　话:总编办:0431－81629821 |
| 　　　　　发行科:0431－81629829 |
| 印　　刷:北京银祥印刷有限公司 |

ISBN 978-7-5498-6193-4　　　定　价:　65.00 元
版权所有　侵权必究

前　言

羽毛球集娱乐性、观赏性、健身性于一体,是全面锻炼身体、增强体质的手段,也是培养良好的道德风尚、陶冶情操的有效途径,可以提高人体神经系统的灵敏性和协调性。通过锻炼和比赛,还能培养人顽强的拼搏精神和良好的意志品质,提高社会适应能力。

羽毛球项目对身体素质的要求是相当高的,在抓好身体素质全面训练的基础上,要着重发展专项身体素质。身体训练的安排应围绕羽毛球专项的特点来进行。力量是身体素质的基础,羽毛球运动员虽不是强调发展绝对力量,但应在具有一定的绝对力量的基础上发展速度力量和力量耐力,使之保证比赛所需的较强动作发力和长时间的奔跑、蹬、跳、跨以及上肢的连续击球动作。发展速度素质是羽毛球运动训练的核心,它应着重加强反应速度、动作速度(动作频率)和急停、急动的变向、变速的移动速度。随着技术水平的不断提高,拍数增多、比赛时间增长,运动员需要有承受50~90分钟激烈活动的体力。羽毛球项目要有一定的速度耐力,又要有较好的有氧代谢能力。我们在抓主要身体素质提高的同时,不应忽视其他身体素质的训练。

本书主要讲述了羽毛球专项技术与羽毛球专项身体素质及关系,对羽毛球专项技术相关概念进行界定,并在此基础上论述了羽毛球专项技术的基本知识,研究动因,专项技能训练的基本方法以及羽毛球专项的身体素质及评价指标,最后论述了羽毛球专项运动的心理特征与心理训练。本书结构相对完整,逻辑相对严密地,对羽毛球运动训练专项技术与羽毛球专项身体素质指标及评价有深入地研究,期望本书的出版在促进羽毛球这项体育运动发展时能够为读者提供一定的参考。

目 录

第一章 羽毛球运动 …………………………………………………… 1
  第一节 羽毛球运动概述 ……………………………………… 1
  第二节 羽毛球运动重要赛事的改革与发展 ………………… 8

第二章 羽毛球专项运动技能训练研究的动因分析 ………………… 13
  第一节 羽毛球专项运动技能训练研究的动机分析 ………… 13
  第二节 羽毛球专项运动技能训练研究的目的分析 ………… 21
  第三节 羽毛球专项运动技能训练研究的意义分析 ………… 21

第三章 羽毛球专项运动技能训练的方法和手段 …………………… 24
  第一节 表象训练法 …………………………………………… 24
  第二节 多球训练法 …………………………………………… 31
  第三节 念动训练法 …………………………………………… 35
  第四节 分层教学法 …………………………………………… 39

第四章 羽毛球专项身体素质训练 …………………………………… 55
  第一节 羽毛球运动发展趋势对身体素质的影响与要求 …… 55
  第二节 身体素质在羽毛球运动中的作用和意义 …………… 58
  第三节 身体素质训练的基本原则 …………………………… 60

第五章 羽毛球专项技术指标及评价 ………………………………… 65
  第一节 专项力量素质训练的指标及评价 …………………… 65
  第二节 专项速度素质训练的指标及评价 …………………… 83

第三节　专项耐衡素质训练的指标及评价……………………95
　　第四节　专项灵敏素质训练的指标及评价……………………104
　　第五节　专项柔韧素质训练的指标及评价……………………113

第六章　羽毛球专项运动的心理特征与心理训练……………120
　　第一节　教学训练的心理学基础………………………………120
　　第二节　羽毛球专项运动心理特征分析………………………126
　　第三节　羽毛球专项运动的心理训练…………………………132

参考文献……………………………………………………………147

第一章 羽毛球运动

第一节 羽毛球运动概述

一、羽毛球运动的起源与普及

(一)不确定起源

2000多年前,在中国、印度等国出现一种类似羽毛球运动的游戏,在中国叫"打手毽",在印度叫"蒲那",西欧一些国家称之为"毽子板球"。这只是在游戏形式上类似羽毛球的游戏,或许是羽毛球运动的雏形。

据传说,14世纪末期,在日本也流传一种游戏,有人在樱桃上插美丽的羽毛当作球,两人用木板来回对打,这也可能是羽毛球的原型。

18世纪时,在印度的蒲那城,人们把绒线编制成球形,然后插上羽毛,两人手持木板在球网两侧进行来回对打,这在球的结构和运动形式上,就更接近于现代的羽毛球运动,但这种游戏在印度并没有得到普及,很快就消失了。

1873年,在英国格拉斯哥郡的伯明顿镇,有一位叫鲍弗特的伯爵在自己的庄园开游园会,一种隔网用拍子来回对打的游戏被几个从印度回来的退役军人介绍给了大家,结果这种游戏在游园会上很受欢迎,客人们对这种游戏产生了很大的兴趣。由于游戏本身不仅具有很强的趣味性,而且还有较强的竞争性,具备了一个游戏得以生存和普及的基础。最为重要的是,这项游戏在英国的上层社会,尤其是社交场上得到青睐,为这项游戏的传播提供了很好的社会基础。

隔网对抗的游戏在英国逐渐风靡后,为了纪念伯明顿镇给这种游戏带来的贡献,游戏名称就以英国最先出现的伯明顿镇作为游戏的名称,"伯明顿"(Badminton)即成为英文羽毛球的名字。

(二)走向规范

随着羽毛球运动在英国的不断普及,有组织的羽毛球活动也逐渐成了大家娱乐健身的需要。1877年,英国的巴斯羽毛球俱乐部成立。随后,第一部羽毛球比赛规则也在英国出版。竞赛规则是人们在体育竞赛活动中形成的决定体育参与主体行为的一种规范性文化现象,它包含着顺应社会文明化进程要求的价值标准。羽毛球竞赛规则的出现,极大地促进了羽毛球运动的快速发展,也促使羽毛球运动的规范性发展。竞赛规则本身的出现也为羽毛球的推广起到了积极的作用。

随着羽毛球竞赛规则的不断修订和羽毛球运动在英国的不断普及,有组织、有管理、有制度的发展羽毛球运动已成为必需。1893年,由英国14个羽毛球俱乐部牵头协商组成了世界上第一个羽毛球协会。1899年,英国羽毛球协会举办了第一届"全英羽毛球锦标赛",并且该协会规定,以后每年举办一次,这个规定一直延续到今天。英国羽毛球协会组织的全英羽毛球锦标赛(The All England Open Badminton Championships)是世界上水平很高,也是最早和最有荣誉的羽毛球公开赛。最初的几次比赛命名为英格兰锦标赛(The Open English Championships),在国际羽联1977年举办世界锦标赛之前,其一直被公认为是非官方的世界羽毛球锦标赛。比赛虽被世界普遍认可,且水平很高,但也因为战争停止过两次,1915~1919年,因第一次世界大战被迫停止举办,1940~1946年,因第2次世界大战停止举办。

(三)国际化发展

20世纪初,随着信息革命的发展,羽毛球运动也被推向更为广阔的天地,羽毛球运动从斯堪的纳维亚到英联邦各国,流传到亚洲,美洲,大洋洲,最后传到非洲。

1934年,为了进一步规范羽毛球运动的发展和加快羽毛球运动的推广,由苏格兰、威尔士、新西兰、荷兰、法国、爱尔兰、英格兰、丹麦、加拿大等国家发起成立了国际羽毛球联合会,并将总部设在伦敦。1939年世界羽毛球联合会通过了各会员国共同遵守的《羽毛球竞赛规则》,世界羽毛球联合会也迅速在世界被公认为国际性组织。在此之后,世界羽毛球联合会拥有了更多的成员。

为了加强各国羽毛球协会之间的联系,世界羽毛球联合会通过奥运会、世界锦标赛、世界杯和其他国际比赛,促进各成员国之间的联系和交流,羽毛球运动的普及和羽毛球运动在世界上的发展也是世界羽毛球联合会的重要任务之一。

因需要规范羽毛球运动在世界上的发展和统一管理,1981年5月,国际羽毛球联合会与世界羽毛球联合会(World Badminton Federation,1978年成立)合并成为世界羽毛球联合会。2006年9月24日,世界羽毛球联合会再一次更名,正式命名为现如今的羽毛球世界联合会,新的羽毛球世界联合会总部坐落于马来西亚的吉隆坡。截至目前,羽毛球世界联合会共有协会会员193个,其中包括7个准会员。

20世纪20~40年代,羽毛球运动在欧美国家也得到了迅速的发展,尤其是英国、美国、加拿大。20世纪50年代,亚洲羽毛球运动发展得也非常快,西亚国家马来西亚取得两届汤姆斯杯冠军,印度尼西亚队在技术和打法上也有一些创新,并取得了霸主地位。20世纪60年代以后,羽毛球运动发展重心移到了亚洲。

羽毛球运动在世界的迅速普及和技、战术水平的提高,很快得到了国际奥林匹克委员会的认可,1988年汉城奥运会(第二十四届)上,羽毛球被列为表演项目,1992年巴塞罗那奥运会(第二十五届)列为正式比赛项目,1996年亚特兰大奥运会(第二十六届)混双列为比赛项目。从此羽毛球运动进入新的发展时期。

二、发展趋势

(一)技术战术发展

随着经济的发展,科学技术水平的提高,羽毛球运动的训练也得到了更多的经济支持和科技支持。羽毛球运动的科技化训练得到了更多国家的重视,很多国家在羽毛球运动项目上的投入越来越大。羽毛球运动员场上的竞争也包含着教练员执教水平,科研人员服务水平,以及各国投入水平的竞争。

羽毛球运动的科技化训练,尤其是电子器材的介入和羽毛球运动训练、比赛数据的大数据挖掘使羽毛球运动技术和战术逐渐发展成熟,在总体发展趋势上正在向"快速、全面和特点突出"的方向发展。

早在20世纪60年代以后,中国羽毛球运动队就引领了世界羽毛球技术战术的发展,中国羽毛球队的"快、狠、准、活"的指导思想和"快攻"打法,尤其是中国多变的"快"技术战术,目前已得到了世界的普遍认可和接受,并在"快"的基础上有所发展。

羽毛球运动"快"的含义,主要包含三方面内容:一是指移动快,启动、移动、回动快;二是指动作速度快,挥臂出手快,击球速度快;三是指判断快,在对手移动准备击球时,已经可以判断出对手的击球路线。而且这三者之间是相互联系相互牵动的,只有快速地作出判断,才能快速地启动和移动,进而为击球提供更多的准备空间和时间,最后达到了球速快的目的。球速快才能真正起到威胁对方的作用。

另外,运动员还要临场适应快,主要表现在运动员运用战术的变化要快。运动员执行战术不仅仅要坚决,而且要实时观察对手情况,根据对手在比赛中的发挥情况、场地环境情况等,迅速做出战术调整。尤其是自己处于被动局面的时候,更需要迅速地、坚决地做出战术调整,使自己变被动为主动。

现在羽毛球运动的发展,运动员仅仅靠特长很难在比赛中取得优异的成绩,必须全面的、熟练地掌握各种技、战术,这也是运动员在比赛中战术变化的能力基础。全面的能力,不仅仅指的是技、战术,还包括运动员的体能、控制球的能力,还需要具备良好的意志品质,心理素质等。全面的技、战术能力和素质能力以及良好的心理品质,可以使运动员在比赛场上没有明显的漏洞,使对手在制定技、战术时难以找到有效的战术。

运动员应具备全面的技术战术能力和身体素质能力以及心理品质能力,这是运动员的基础能力,运动员还需要具备一定的特长,这是运动员在比赛中改变落后局面,或者是保持优势的一个能力。运动员的突出特长,不仅仅是指运动员的技术战术打法的特长,运动员的特长往往需要根据运动员的身材特点、身体素质特点、性格特点等进行综合测评后进行培养。

羽毛球运动技术战术发展的"快"和"全面"是羽毛球运动发展趋势的两个重要的方面,但是必须清楚地认识到这两个方面的逻辑关系,"快"虽然是核心,有时候可能是制胜的法宝,但"快"绝对不是一球到底。快和慢结合才更能体现出快的价值。羽毛球速度有绝对和相对之分。绝对速度是"快"的基本表达形式,是基础体能和技能的体现;而相对速度是"快"的高级表达形式,是变速能力,是对速度的控制,是对基础体能和技能的合理应用能力的体现。

(二)规则演进

1893年,英国有14家羽毛球俱乐部一致倡议并组成了世界上第一个正规的羽毛球协会,这14家羽毛球俱乐部通过协商进一步修订了竞赛规则,并对羽毛球及场地进行了统一的规定,确定羽毛球为14~16根羽毛粘在软木托上,质量为4.6~5.5g,把羽毛球场地正式定为长方形。这些规则和场地、器材的统一与确定,为羽毛球运动项目的普及和发展提供了很好的技术支持。

20世纪90年代以来,运动技术和科学技术的发展进一步促进了羽毛球运动新规则的出现,尤其明显的是比赛有了市场化运作形式,羽毛球运动为了迎合电视转播需要和观众对快节奏比赛的需要,竞赛规则进行了较大篇幅的修改。

首先,在计分办法上进行了比较大的改革,1998年8月的新规则取消了13平和9平继续比赛的规定。规定双打和男子单打先得15分的一方为胜一局;女子单打先得11分的一方为胜一局;如果在比赛中比分出现男子单打14平或者女子单打10平时,男子单打可以选择继续比赛至

15分或者17分(女子单打为11分或者13分)。相对以前的比赛计分办法,新的计分办法计算起来更为简单,观众在比赛中更容易理解和看清比赛的走势,这样的变化符合羽毛球运动的发展,使羽毛球运动在比赛中更具有观赏性和比赛结果的不确定性,迎合了观众希望在比赛中看到激烈对抗的局面。

其次,2006年4月,羽毛球竞赛规则又出现了一次较大的变化,当年在日本举行的"汤尤杯"比赛中,首先采用了21分每球得分的新赛制。同年5月6日,在东京举行的国际羽联大会上,国际羽联全体会员投票表决通过,正式启用21分制每球得分的分制,这一规则的变化是羽毛球运动改革历史上具有里程碑式的改革,这一改革的最大变化是使羽毛球运动竞赛进程变得更为紧凑,使整场羽毛球比赛的时间大为缩短,这次改革是羽毛球运动史上的一次空前革命,对羽毛球运动发展产生了巨大影响。

羽毛球运动规则内容的变化集中表现在运动员、赛制、裁判员三方面。羽毛球竞赛规则的发展趋势表现为通过对发球限制的改革,使之朝向有利于接发技术攻防平衡的方向发展;更加注重规则的与时俱进和可操作性,不断改革编排方案,使之朝向有利于操作规范、合理的方向发展;不断地提高裁判员执裁标准和自身素质、充分利用先进的科学技术,使之朝向有利于判罚相对公正准确的方向发展;通过计分制改革、规范场地区域划分和商业广告,使之朝向有利于控制比赛时间和提高比赛观赏性的商业化方向发展;通过修改编排方法、提高项目的文化、降低赛事门槛,使之朝向有利于项目普及和缩小地区差距的方向发展。

三、中国羽毛球运动的成就与改革

(一)中国羽毛球的起源与发展

羽毛球运动约于1920年传入中国,但由于中国当时所处的社会历史背景,该项运动仅仅局限于部分人群,未能在中国大范围开展。主要在上海、广州、厦门等一些沿海城市中开展。当时在上海举办了中国有史料记载的最早的羽毛球比赛,此后还举办了各类羽毛球比赛。

20世纪60年代是中国羽毛球竞技水平赶超世界的时期,由于中国羽毛球协会未能与世界羽毛球联合会建立起正常的联系,中国没有机会参加国际大赛,但在这一时期中国羽毛球竞技水平并非止步不前,而是得到了大幅度地提高甚至已居世界前列。

随着中国羽毛球技术水平的提高,20世纪70年代,国际羽坛已经是印度尼西亚和中国平分秋色。进入20世纪80年代以后,优势已经转向中国,这也标志着中国羽毛球运动已经达到了世界领先水平。1981年5月,世界羽毛球联合会大会投票表决,重新恢复了中国在国际羽联的合法席位,中国羽毛球协会正式成为世界羽毛球联合会的会员,中国取得了征战世界羽毛球赛场的合法地位。中国羽毛球技术战术在世界上得到了更多的展示和交流,从此揭开了国际羽坛历史上新的一页,这也是中国羽毛球选手闪耀世界的开始,在这一阶段中国羽毛球竞技水平不断提高,同时也在不断促进羽毛球竞赛管理和培养体制的改革,形成了国家羽毛球队、省市羽毛球队和业余体校三级羽毛球人才培养梯队,20世纪90年代,中国羽毛球运动在管理体制、人才选拔、训练方法等方面进行了调整与改革,从此之后中国羽毛球竞技水平在国际羽坛上一直处于领先状态。

(二)中国羽毛球赛事发展

我国全国性的羽毛球比赛始于1953年,是篮球、排球、网球、羽毛球4项球类全国大赛之一。1956年举办了第一次全国性羽毛球单项比赛。1959年第一届全国运动会是羽毛球运动竞赛第一次在综合性运动会中出现,至此开启了全国羽毛球赛事的结构性发展。

中国羽毛球俱乐部联赛是中国羽毛球比赛走向市场的第一步,1999年又推出了全国羽毛球俱乐部联赛,从最初的3个球队(青岛双星、广东兰星、福建凯胜)到2000年11个球队(7个男团,4个女团),2001年15个球队(8个男团,7个女团),2002年已有23个(男团12个,女团11个)职业和半职业羽毛球俱乐部,因与赞助商合作期满,2003年中国羽毛球协会宣布已经举办了四届的羽超联赛暂时停办,中国羽毛球俱乐部联赛第一次试水就这样落下了帷幕。

2010年,羽毛球俱乐部超级联赛再次起航,从赛制上规避了与国际比赛时间的冲突。实行了创新性的新赛制:如在2013~2014届联赛上引进令人耳目一新的"3对3"项目、分南北红蓝区比赛、实行11分赛制等,这些突破性的改革举措在此次联赛中取得了一定的反响和成绩。重新开赛的中国羽毛球俱乐部超级联赛竞赛水平也得到了大幅地提升,为俱乐部效力的队员不仅有国内顶级大牌球星,还有国际知名的顶级球星。

由于联赛发展较晚、赛制不规范、俱乐部比赛为其他赛事让步、缺乏有效的宣传手段、无赞助商等诸多原因,联赛被迫2020年再次停办。

经过多年的发展,中国羽毛球赛事逐渐形成了以奥运会为最终目标的周期性赛事结构。在全国层面上则表现为以全运会为总领,以全国青年锦标赛、全国少年分站赛、全国单项锦标赛、全国团体锦标赛为运动员培养和选拔平台的全国性羽毛球赛事结构。

第二节 羽毛球运动重要赛事的改革与发展

一、汤姆斯杯(世界男子羽毛球团体锦标赛)

"汤姆斯杯"全称为"汤姆斯杯羽毛球赛"(Thomas Cup Badminton,中文简称"汤杯"),即世界男子羽毛球团体锦标赛,该比赛是世界上最高水平的男子羽毛球团体赛,于1948年由原国际羽联创办,每两年举办一次。

"汤姆斯杯"是由英国人乔治·汤姆斯(George Thomas)先生捐赠的。1934年国际羽联成立时,乔治·汤姆斯被选为主席。1939年,乔治·汤姆斯提出为比赛捐赠一座奖杯。

"汤姆斯杯"由杯盖、杯体和底座三部分组成,在杯的最上端有一个运动员的模型。"乔治·汤姆斯·巴尔特于1939年赠送世界羽毛球联合会组织的国际羽毛球冠军挑战杯"这句话被雕刻在杯的前部。整座杯高28cm,包含把手、杯的宽距为16cm。

由于二战的原因，国际羽联成立后并没有立即组织汤姆斯杯的比赛。直到二战结束后，1948年在英格兰举办了第一届汤姆斯杯比赛，第一个把国家名称刻在汤姆斯杯上的是马来西亚。

自从1948年以来一直到2018年，汤姆斯杯赛在世界各个地方已成功举办了30届，但其中前27届冠军奖杯只在亚洲的三个国家之间产生，分别是马来西亚、中国和印度尼西亚。而印度尼西亚是该项比赛中获得奖杯数最多的国家，中国获奖数排第二，一共获得10座冠军奖杯。在第23届到27届的10年比赛中，中国成功实现了五连冠。

二、尤伯杯(世界女子羽毛球团体锦标赛)

"尤伯杯"全称为"尤伯杯羽毛球赛"，即世界女子羽毛球团体锦标赛，是世界上最高水平的女子羽毛球团体赛，在1956年国际羽联理事会上，英国羽毛球选手贝蒂·尤伯(Betty Uber)向国际羽联理事会捐赠了此杯。"尤伯杯"比赛，自1957年起到1984年为三年一届。1984年起，同汤姆斯杯一样改为每两年一届。1981年世界羽联和国际羽联合并为新的世界羽毛球联合会。所以，从1986年起，汤姆斯杯和尤伯杯比赛都规定为每两年举办一届，两项赛事每届同时、同地举办。

20世纪30年代，英国著名女子羽毛球选手贝蒂·尤伯(Betty Uber)为羽毛球运动的发展给予了很大的支持。1930~1949年之间，她曾在全英羽毛球锦标赛中多次夺得女子单打、女子双打和混合双打比赛的冠军。贝蒂·尤伯退役后，仍然对羽毛球运动情有独钟。1956年的国际羽联理事会上，她为了推动羽毛球运动的发展，正式向国际羽联捐赠由麦皮依和维伯制作的纪念杯，即如今的尤伯杯，并亲自主持了第一届尤伯杯比赛的抽签仪式。"尤伯杯"的外形像地球仪一样，在球的顶部有一羽毛球状的模型，上端有一名手握球拍的女运动员，"尤伯夫人于1956年赠送世界羽毛球联合会组织的国际女子羽毛球冠军挑战杯"这句话被雕刻在尤伯杯底座的周围。

三、苏迪曼杯

"苏迪曼杯"全称为"世界男女羽毛球混合团体锦标赛"苏迪曼杯是印度尼西亚羽毛球协会代表本国人民向世界羽毛球联合会捐赠的一座奖杯。1989年开始举办,两年一届,在奇数年举行。"苏迪曼杯"代表了世界羽毛球联合会会员国羽毛球整体水平,是世界上重要的世界大赛,和"汤姆斯杯""尤伯杯"齐名。"苏迪曼杯"由男子单打、女子单打、男子双打、女子双打和混合双打5个项目组成。比赛的赛制采取5场3胜制。第一次提出在世界范围内举行混合团体赛的建议是在1986年国际羽联召开的理事会上。次年,该届理事会确定了要举办世界男女羽毛球混合团体锦标赛,并以苏迪曼杯作为这一锦标赛的优胜者奖杯。

1988年,国际羽联接受并指定了混合团体赛与单项锦标赛同时举行的事宜,并决定将苏迪曼杯作为混合团体赛的冠军奖杯。1989年第一届"苏迪曼杯"和第六届世界羽毛球单项锦标赛同时在印度尼西亚举行,并规定为每两年举行一届,单数年为苏迪曼杯赛,逢双数年是汤姆斯杯和尤伯杯赛。

"苏迪曼杯"是为了纪念前世界羽毛球联合会副主席迪克·苏迪曼而命名的,他是印度尼西亚羽毛球协会的创始人,他将毕生的精力都奉献给了羽毛球运动,一生钟爱羽毛球运动,在印度尼西亚羽毛球协会连续担任了22年的主席,并在1973年被选为世界羽毛球联合会理事,1975年出任世界羽毛球联合会副主席,直到1986年去世。

"苏迪曼杯"的外形是一个羽毛球造型,杯身是纯银铸成,外表镀有纯金,该奖杯重12kg,宽50cm,高80cm,闻名于世的古迹婆罗浮屠佛塔的造型被雕在底座上,整座奖杯看起来极富民族特色,象征着印度尼西亚人民对羽毛球运动的无限热爱。

四、世界羽毛球锦标赛

世界羽毛球锦标赛是为了迎合世界羽毛球运动日益发展的需要,只设个人单项竞赛项目,是由世界羽毛球联合会组织的单项锦标赛事。世界羽毛球锦标赛是世界水平最高的羽毛球单项赛事,是世界羽毛球联合会在汤姆斯杯和尤伯杯比赛后的主办的又一大重要羽毛球赛事。

1977年开始举办第一届世界羽毛球锦标赛。1983年以前,每三年举办一次。该项赛事在1985年起改为两年举办一次。为了加大羽毛球运动的推广力度,国际羽联决定从2006年起,世界羽毛球锦标赛改为一年一次的赛事。还有一个目的是给予运动员们更多机会去赢得官方的"世界冠军"称号。如果遇到奥运会举办的年份,世界羽毛球锦标赛则停办一年,给奥运会羽毛球比赛让路。

五、奥运会

羽毛球相对田径、游泳等项目进入奥运会的时间比较晚。羽毛球运动先是作为表演项目进入了1988年汉城奥运会。

1992年的第25届巴塞罗那奥运会,羽毛球被列为正式项目,共有4个项目产生4枚金牌。这届比赛中羽毛球比赛场数有限,进入半决赛后只决出冠亚军,没有季军的决赛。1992年奥运会中国羽毛球队收获了很好的成绩:女子双打银牌(关渭贞/农群华);女子双打铜牌(林燕芬/姚芬);男子双打铜牌(李永波/田秉义);女子单打铜牌(唐九红和黄华并列铜牌)。

1996年亚特兰大奥运会羽毛球比赛,开始决出一、二、三、四名,并在本届奥运会上增设了混合双打比赛项目,使奥运会羽毛球项目金牌总数增至5块。

羽毛球进入奥运会比较晚的原因是1992年之前,羽毛球在世界范围内的推广比较差、不符合进入奥运会项目的要求。随着羽毛球运动的不断普及和影响力的不断提升才得以进入奥运会。运动项目入选奥运会比赛项目的要求是:只有在至少75个国家和4大洲的男子中以及在至少40个国家和3大洲的女子中广泛开展的运动项目,才可列入奥林匹克夏季运动会比赛项目：只有在至少 25 个国家和 3 大洲广泛开展的运动项目，才可列入奥林匹克冬季运动会比赛项目。

2001 年 7 月罗格当选国际奥委会主席后，在其"合理地控制奥运会规模"理念下，羽毛球运动在奥运会上的发展也出现了一定的危机。每当国际奥委会宣布将减少奥运会项目时，羽毛球便被国内外媒体认为是有可能出局的项目之一。

在相当长一段时间内，羽毛球曾被认为是有可能离开奥运会赛场的项目。不过随着世界羽坛格局的变化，该项目在世界范围的影响越来越大。2020 年世界羽联在夏季奥林匹克国际联合会 31 个成员中排名第 3，也进一步提升了羽毛球在奥运会中的地位。

2020 年 7 月在丹麦哥本哈根以网络形式召开的世界羽联年度大会上，世界羽联宣布了 2020 年夏季奥林匹克国际联合会（ASOIF）对各成员联合会的评选结果，世界羽联综合能力排名世界第 3。这项评比从 2019 年 11 月持续到 2020 年 1 月，包含透明度、完整性、民主、发展和团结等各个维度，满分 200 分。

夏季奥林匹克国际联合会总共有 31 个成员联合会，世界羽联最终与国际马联、国际足联、国际网联、国际自联和世界橄榄球联合会以超过 170 分的优异分数，远远高于国际篮联、国际乒联等机构。

羽毛球项目当时之所以被认为有可能离开奥运会，还与中国羽毛球队一家独大有关。2010 年世锦赛、2011 年世锦赛和 2012 年奥运会中国队连续包揽五金，让这个项目成了中国队的金牌宝库，相对来说，该项目在世界范围的竞争显得不够激烈。不过，随着世界羽坛格局大变，日本、泰国、印度、西班牙等非传统羽毛球强国都出现了世锦赛冠军级别的选手，羽毛球项目在世界范围的影响也就越来越大了。

第二章 羽毛球专项运动技能训练研究的动因分析

第一节 羽毛球专项运动技能训练研究的动机分析

羽毛球是一项动作精细,技、战术复杂多变,对抗激烈的竞技项目。当今世界羽毛球运动水准已发展到一个新的高度,它不仅要求运动员具有成熟的技术,灵活多变的战术,而且更需要有良好的身体素质。可见运动员的心技体的统一,是取得优异成绩的重要保证。

好的成绩来源于科学的选材与科学的训练。目前,世界各羽毛球强国均积极从事羽毛球的科学研究,但很多研究都停留在一般的水准上,如对运动员的体型、素质的研究,对运动员的技、战术的研究等,而对羽毛球的体能训练方法与手段的研究较少。

目前,有关羽毛球的训练方法与手段五花八门,种类繁多,有技术训练、身体训练、心理素质的训练等,这些训练的方法对羽毛球运动是十分重要的。为了更有效地提高羽毛球运动水准,为羽毛球运动员提供扎实的、雄厚的技能基础,本章将着重研究羽毛球运动员的专项运动技能训练问题。

一、羽毛球专项运动技能训练透视

(一)羽毛球运动"快"的技术特点

纵观世界羽毛球的发展历史,技术风格的演变都与"快"字紧密相关,而"快"字本身也是千变万化的,没有统一的格调,综合起来讲,羽毛球运动中的"快"主要表现在以下八个方面：

1. 反应快

反应快是羽毛球运动员的必要条件之一，因为该项目主要是根据视觉判断来做出动作反应，虽然有时运动选手可凭借准确的预见能力做出反应，但大多数情况下还是以视觉反应为主。反应这种心理能力受遗传因素的影响较大，所以在选材时，就应该把好这一关。

2. 预断快

预断是对对方球路的一种早期判断，包括对空间、时间、位置和距离的判断及拍与拍之间的连贯意识，它是羽毛球运动中最重要、最有发展潜力的一种能力。快的预断能力不但可以弥补反应和移动速度上的不足，还可以节省许多体力。如80年代印度球星普拉卡什虽然下肢移动速度不是很快。但具备了快速准确的预断能力和出色的击球连贯意识，常常使对手感到难以应付。

预断能力是可以通过训练、比赛得以改善的。对青少年运动员来讲，提高其分断能力是提高其整体运动员水准的重要一环。

3. 选择技术动作快

与体操、武术等预先编排好的成套动作的比赛不同，羽毛球比赛没有规定的套路，其技术动作要根据对方的回球做不断地变化，而羽毛球在空间飞行的时间是非常短的，这就要求运动员在选择技术动作时，一定要坚决果断，不能有一点犹豫。尽管羽毛球在技术要求上是强调一致性的，但在实际运用时仍有一定的差异，如杀球动作就要比吊球动作大且发力早。

选择技术快慢与平时练习掌握技术动作的熟练程度有关，技术熟练度与选择技术动作的快慢成正比，因此打好基本动作，熟练掌握各种技术动作，对提高水平极其重要。

4. 完成动作快

羽毛球场上的"快"主要是通过下肢移动（步法）上肢击球（手法）表现出来的，这两者相辅相成，缺一不可。这种能力不是天生的，而是要经过后天长期艰苦训练才能获得的，青少年正是掌握和发展这种能力的最佳时期,因此要不失时机,全力抓好对这一能力的培养。

5. 球速快

球速快是指出球突然性强,球在空中飞行的速度快、时间短。球速与下列因素有关。

(1)击球的力量。

(2)击球的高度,即通常所说的高打、前打和快打。

(3)击球的角度、方向。

(4)球本身的重力。

另外,运动员的球感对球速也是有影响的,球感越好,对球速的控制也越好。

6. 变化快

变化快是指比赛时战术变化快和在快速的基础上变速能力强。羽毛球比赛场上情况千变万化,光靠一种打法、一种速度很难应付各种不同的对手,因此要想争取主动,必须根据场上不同的情况随时变换战术或突然变化速度以达到打乱对方节奏的目的。

7. 恢复快

高水平的比赛紧张激烈,时间长、节数多、体力消耗大,如果技术水准相当,耐力就成为决定性因素。羽毛球不同于周期性项目,它在整个比赛过程中有较多短暂的间歇,因而羽毛球的耐力又取决于身体短暂间歇后的恢复能力,这种恢复能力又与训练水准成正比,所以要想提高恢复能力,重点为切实做好体能训练。

8. 适应快

适应快也是高水平运动员所必须具备的条件之一。适应快包括:起跳挥拍、负重挥拍、掷实心球、负重跳跃等练习都可以提高骨骼肌 ATP－CP 的含量及 CK 等有关的活性。力量训练宜安排在技术或速度、速度耐力训练后进行。

此外,还必须结合专项特点进行柔韧性、敏捷性、运动幅度、运动频率、时空感应判断能力等训练。

(二)练习羽毛球需要注意的细节

(1)练习前要做好准备活动,否则很容易受伤。

(2)要养成正确、灵活多变(正、反手)的握拍方法,坚决纠正"拳握法"和"苍蝇拍握法"。

(3)练每项手法技术都要采取多球训练的方法,这样才能强化技术。

(4)发球要从发高远球练起,熟练掌握后逐步练习其他。

(5)后场技术也要把高远球掌握好再练习平高球、吊球和杀球,并且注意后退的过程。一定要先侧身抬肘,这样才能把你全身有限的力量都用到打球的瞬间,还有就是需要有后绕引拍的动作,就像抽打鞭子一样。

(6)一定要注意击球前握拍放松,否则使不出力量。

(7)刚开始练后场球的时候先不要在场地内练(因为那时肯定打不到球或球托),而是要先练吊线球——把球用绳子系在你握拍手伸直的高度,然后反复练习原地的高球,直到有一定的手感。

(8)无论是后场还是前场球练习都要从原地练习到移动击球练习,从多球到一个球。移动的时候一定要用前脚掌着地而不能全脚掌着地,因为打羽毛球是不断移动的过程。而且打完一个球一般都要回到中心位置,这就需要前脚掌的蹬地和前跨。

(9)打前场球的时候要讲究轻巧和细腻,尤其是搓小球靠的是手指捻动拍柄来使球旋转过网,打挑球和推球只是靠手指手腕的力量就可以了,靠的是它们的爆发力,所以不能靠甩大臂,那样球打不到位还没有爆发力。

(10)需要准备接杀球的时候一定要先降低重心,下肢微屈。

(11)接发球的时候一定要注视对方手上的动作,打球过程中要注视对方的来球方向,总之尽量提前判断。

(12)后场球的击球点一定也要选择好,打高球和吊球要在握拍手同侧肩的正上方偏前一点,杀球就更要靠前一些。

(13)接后场球时还要掌握好拍面的角度,比如杀球要前压,高球要后仰。同样发高远球也要后仰拍面,打球的瞬间手臂由外旋到内旋,手腕由展到屈。

(14)除了手法练习外,步伐练习是从始至终不可少的。

(15)还要穿插一些专项素质练习。

(16)注意规则(尤其是对发球的)。

二、羽毛球身体训练须知

身体训练是指运用各种身体练习的方法和手段,以有效地影响人体各组织、器官机能、代谢及形态结构,从而达到促进健康,提高竞技能力的目的。

在运动训练中常以发展运动员的身体素质作为身体训练的主要内容,即着重发展运动员的力量、速度、耐力、柔韧等素质。羽毛球项目对身体素质的要求是相当高的,在抓好全面身体素质训练的基础上,要着重发展专项身体素质。身体训练的安排应围绕羽毛球专项的特点来进行。力量是身体素质的基础,羽毛球运动员虽不是强调发展绝对力量,但应在具有一定的绝对力量的基础上发展速度力量和力量耐力,使之保证比赛所需的较强动作发力和长时间的奔跑、蹬、跳、跨以及上肢的连续击球动作。发展速度素质是羽毛球运动训练的核心,它应着重加强反应速度、动作速度(动作频率)和急停、急动的变向、变速的移动速度。随着技术水平的不断提高、拍数增多、比赛时间增长,运动员需要承受在50～90分钟激烈活动的体力要求,速度耐力对羽毛球项目的意义越显重要,这又要有较好的有氧代谢能力。在抓主要身体素质提高的同时,不应忽视其他身体素质的训练,尤其柔韧性必须从儿童抓起,发展羽毛球项目所需要的肩、腕、腰、髋、踝等关节的柔韧素质,否则随着年龄的增大,就会造成动作幅度不大,韧带僵硬,使之影响技、战术水平的进一步发展。

(一)加强羽毛球的磷酸原供能能力的训练

在羽毛球比赛过程中,回合运动时间绝大部分均落在磷酸原的供能时间。因此,加强磷酸原供能能力的训练是很重要的。另外,力量、速度素质的生化基础也是磷酸原供能。可见,在训练过程中,加强大强度、短时间(一般在 10 秒钟内)的训练,可有效地提高磷酸原的供能能力。另外,也可结合专项体能的训练,如 60 米跑、10 球的多组训练等,使运动员既可提高专项体能,又可提高磷酸原供能能力。

(二)结合专项特点进行速度和速度耐力的训练

采用多球训练、步法训练等,在训练中一定要根据比赛的时间结构严格控制好时间。如多球接四角球 10 个(约 10 秒)后间歇 20 秒,一次 15～20 组,可多次进行训练。并根据队员水准高低和状态好坏适当调整运动和间歇时间。训练的强度和量一定要达到或超过比赛,提高运动员的有氧恢复能力和速度耐力。训练后有条件要进行血乳酸测定,血乳酸值在 5～8mmol/L 则偏高。

(三)必须加强力量训练

力量是速度的基础,是羽毛球的生命所在,没有良好的力量素质,从何谈"快、准、狠"。目前,力量训练是薄弱环节。所以,必须有计划地发展专项力量素质,加强腹肌、腰肌、背、肩肌、臂、握力、腿部等力量的训练。如原地起跳挥拍、负重挥拍、掷实心球、负重跳跃等练习均可提高 ATP、CP 的含量。

三、羽毛球心理素质训练

羽毛球运动是一项复杂多变,对抗性较强的项目,心理训练因素对比赛成绩的影响比较大。我国羽毛球运动员的技术战术训练和比赛成绩都有很高的水平,心理训练一直受到羽毛球界的重视,并取得了不少成果,但是青少年运动员在比赛和训练中的心理表现和心理水平还有一些亟待解决的问题。

羽毛球运动具有直观性的特点,它要求运动员必须综合地运用各种有关的感觉器官,不仅通过视觉、听觉来感知动作的形象,还要通过触觉和肌肉的本体感觉感知动作的要领、肌肉用力程度,以及动作过程中时间与空间的关系等,从而建立完整、正确的动作表象。

(一)羽毛球心理训练的概念和作用

"心理训练"是指通过各种手段有意识地对运动员的心理过程和本性特征施加影响,使运动员学会调节自己的心理状态的各种方法,也是为了更好地参加训练和比赛、争取优异成绩做好各种心理准备的过程。

心理训练是运动训练的组成部分,在双方身体、技术、战术等训练水平相当的情况下,运动员心理因素往往对比赛胜负起着决定性的作用。

心理训练的主要作用在于促进运动员心理过程的不断完善,形成专项运动所需要的良好个性心理特征,获得较高水平的心理能量储备,使运动员的心理状态适应训练和比赛的要求,为提高运动技、战术水平、形成最佳竞技状态和创造优异成绩奠定良好的心理基础。

(二)羽毛球心理训练的基本内容

心理训练分为自我暗示法、肌肉控制法、呼吸调节法。

1. 自我暗示法

自我暗示法是指运动员通过积极的自我暗示后,充满必胜的信心去迎接挑战,调动自身一切能力去克服困难,从而最终达到成功的方法。

例如,一名运动员在赛前用"我一定能发挥得很好,我一定能行!"来激励自己,用必胜的信念鼓舞斗志,就会不畏惧强手,敢打敢拼。在运动过程中通过对自己不断地提醒与暗示,能够逐渐培养起自信心。

2. 肌肉控制法

肌肉控制法是指通过合理的步骤控制肌肉逐渐放松,并运用正确的方法,使放松者的身体在此过程结束后感到轻松愉快。

例如,用右手用力紧握自己的左手,渐渐地使出最大力量后再渐渐地放松,而后再换左手紧握右手,方法相同;还可以将一只脚用力向上勾起,再慢慢地放下,然后换用另一只脚重复刚才的动作,锻炼中可以屈伸交替进行。

这种锻炼就是通过对肌肉的控制来放松精神,缓解焦虑,从而达到释放身心压力、保持平静心态的目的。在羽毛球运动中可通过搓球、推球、放球、勾对角球等前场击球技术的运用使上肢肌肉得到控制,增强上肢的灵敏性。

3. 呼吸调节法

呼吸调节法是一种在呼吸过程中通过深呼慢吸的方法,来消除紧张,使波动的情绪逐渐趋于稳定的放松手段。

进行时可坐可站,双目微闭,心境坦然,用鼻呼吸,吸至肺脏充盈,无法再吸入更多气体时,屏住呼吸约3秒钟,然后缓慢呼出,将肺内气体吐尽后再停3秒钟。这样将注意力集中于呼与吸,并保持自然放松,意识中除呼吸外无其他任何事物。重复数次后,紧张情绪会自然消失。

此方法特别适用于羽毛球比赛前。对于羽毛球运动员来说,运用正确的呼吸方法可以增加弹跳高度,延长滞空时间。

(三)羽毛球心理训练的影响因素

首先,人的心理活动不是遗传的,主要是在后天的社会生活环境影响下和在社会实践活动过程中形成和发展起来的。

但是,一个人的气质、能力、性格和神经系统活动特点的某些成分会明显地受到遗传因素的影响。另外,一个人的生理机构的损害会引起不同程度的心理异常。影响心理健康的心理和社会因素是复杂多样的,其中影响较大的有家庭环境与早期教育、生活事件和环境变迁、都市化、心理冲突与不良人格特征等。所以,我认为培养人的健康的心理在青少年时期尤为重要。

影响羽毛球心理素质的因素很多,但可把它分为主观和客观两个方面的因素。

1. 主观方面的因素

主观方面的因素包括专业知识的掌握、智力水平、技术水平、对待学习训练的态度等,都是影响运动员心理素质形成和发展的因素;其他如文化程度、神经类型等,也会影响运动员心理素质的发展。

2. 客观方面的因素

客观方面的因素包括教练员的指导水平、对训练的组织安排、采用的方法手段、同伴水平的影响,以及对方身材的高矮、对手的技术水平;正式比赛的实践,以及学习训练的环境、场地、器材、时间等客观因素,也都会影响运动员心理素质的形成和发展。

第二节 羽毛球专项运动技能训练研究的目的分析

羽毛球的训练是一项集心、技、体于一体的运动,因此,在训练时,首先必须了解羽毛球运动员的体能,心理素质的特点,并尽量在训练中做到既训练体能,又培养心理素质,同时又能提高运动技术水准。

体能的训练方法很多,但真正既能提高羽毛球运动技术水准和羽毛球运动员的身体素质的训练方法却不是很多,为了探索提高羽毛球运动员的体能训练的有效方法,首先必须了解和分析羽毛球体能的生物学特点,如羽毛球比赛对人体的物质代谢与能量代谢,羽毛球运动员在比赛时疲劳与身体机能下降的特点,因此,本节研究的主要目的包括以下几点:

1. 分析当今世界羽毛球的发展特点,探索羽毛球比赛时所需的身体素质。

2. 分析羽毛球比赛时的时间结构,测试羽毛球比赛前后运动员身体的生化变化,探索运动时的物质代谢和能量代谢的特点。

3. 分析有关羽毛球运动员体能训练的方法,并寻找出一些既能提高体能,又能培养心理素质,更能提高技、战术的有效的训练方法。

第三节 羽毛球专项运动技能训练研究的意义分析

羽毛球运动不仅是一项重要的体育比赛项目,也是深受广大群众喜爱的健身运动项目。它老少皆宜,可以自娱自乐;能全面地锻炼身体,增强体质,培养顽强的毅力和良好的道德风尚;其优美的运动形式具有观赏价值。

一、最适合人类的文明运动

羽毛球运动是一种室内有网运动,既是单打独斗的体现,又是双打默契配合的展示。在不到 80 平方米的场地上,通过上手、中手、下手、左侧、右侧、前场、后场的移动击打来球,与对手斗智斗勇的对抗,是人们的智商、灵活、机智、潇洒、韧性、耐性、协调性等身体综合素质的充分展示过程,是一项从 8 岁到 80 岁能持久从事的文明体育运动。网高与人体身高相接近的室内有网运动是最适合人类的文明运动。

二、自娱自乐的作用

在羽毛球运动中,人们通过球拍的挥动击过有一定高度的球网,击球时多回合、多落点和击球力度、速度的控制充分展示击球者的灵活、机智、潇洒的气质。在双打中默契的配合与相互激励,从而达到一种高尚的境界。总之人们用种种美妙的身体语言,尽情地挥洒,表现自我,达到自娱自乐的目的。

三、增强体质的作用

前场、后场的快速移动,中场的起跳扣杀、中场跨步救球,网前的搓、吊、勾、推、扑及双打的配合换位等都需要击球者有较好的力量、速度、灵敏、柔韧、智商等素质。掌握和熟悉种种技术的过程,就是提高身体素质的过程,使各个部位的肌肉、关节的活动能力得到提高,神经系统得到调节,呼吸系统和循环系统的功能得到改善,有氧代谢和无氧代谢的能力得到提高,激活体内的有益细胞,全面增强了体质。

四、培养意志的作用

在羽毛球运动中,特别是在比赛中,在双方势均力敌的情况下,运动员大量消耗体力的过程,也是培养意志品质的过程。在体质出现"极点"现象时,谁的意志坚强,谁就能获得最后的胜利。这种顽强意志的培养,有助于人们提高战胜困难的勇气。

五、培养心理素质的作用

在羽毛球运动中,人们通过进攻与防守,控制与反控制,不仅要斗勇,更要斗智,这对个人的心理素质也是一种锤炼和考验。在充分发挥技术水平的同时,还要加强思维活动能力,揣摩对方的战术意图,选择适宜的策略抓住战机一决胜负。通过紧张激烈的比赛,使人思维敏捷,提高进取精神和心理素质。

六、观赏的作用

双方在羽毛球运动中所表现的坚强斗志、潇洒作风和优美的造型极具观赏的作用。特别在比赛中凌厉的攻势、严密的防守高潮迭起扣人心弦,充分展示力与美的结合。

第三章　羽毛球专项运动技能训练的方法和手段

第一节　表象训练法

一、表象训练的概念

表象训练是在暗示语的指导下,在头脑中反复想象某种运动动作或运动情境,从而提高运动技能和情绪控制能力的方法。在表象训练的理论与实践中,表象训练也被称作"视觉化"训练、意象演练或想象训练等。表象训练就是以表象为内容的训练。表象训练不仅作为一种相对独立的心理训练方法被广泛地应用于运动实践中,而且在其他一些心理训练和心理干预的方法中也常以表象训练为主要内容。

二、表象训练理论在羽毛球训练中的应用

表象训练理论在羽毛球训练中的应用主要表现在以下几个方面:

1. 映像在羽毛球训练中主要是指应用羽毛球录像、视频和现场观看比赛、模仿教练员的方式来使学生在大脑中建立印象。并能在心理上有一个反复回忆动作细节的过程。映像反复在大脑中出现对于羽毛球运动员的动作定型,及场景的刺激是有很深的影响的。羽毛球教学中运用表象训练可以加快动作技能的形成速率,提高动作技能的完成质量,表象训练是建立自动理想反映的一种学习方式,可以提高动机水平,加速动作技能的提高和巩固,表象训练可以使知觉记忆和运动记忆明显提高,加上表象训练可以获得和身体训练一样的生理反馈信息,所以这种训练对于学

生掌握动作技能具有十分重要的作用。

2.身体的反应与映像之间的连接是通过神经刺激做到的,在正常的训练中可以采用语言、声音、肢体动作、教练员的示范来加强学生的大脑印象与实际技术动作的联系,并通过错误纠正的方式,即对自身录像回放来不断地演练、反馈,使自身的技术动作定型,并固定自己的战术和赛前战术安排的一致性。

3.刺激—反馈,反馈—刺激是一组不断反复的过程,实验对象进行表象训练的实验中,心率曲线的变化基本一致,这表明表象训练可以缓解实验对象的紧张情绪,并且心率曲线可以作为心理训练最为敏感可靠的指标之一。这样学生在比赛中就可以使自身的心理能力特别是稳定性、可控性得到加强,以及在体力消耗严重时使动作定型、心理波动能力得到提高。

4.在教学中科学合理地设计、安排表象训练可以有效地缓解紧张和焦虑情绪。在羽毛球课程学习中合理地运用放松训练和表象训练可以缓解学生的动作紧张,动作掌握不稳定等问题,并且可以有效地降低学生高度的紧张状态。

三、表象训练法在羽毛球技术教学中的应用研究

运动心理学认为,教学过程本质上就是一个信息处理的过程。在教学过程中,教师通过讲解示范、纠正错误动作等对某一技术动作进行讲解,学生通过视觉、知觉再经大脑加工后转化为动觉,最后以某一运动的形式表现出来,从而完成教学过程。可见,任何一个技术动作的教学过程都不是一个简单的信息输入与输出的过程,而是一个多重复杂的心理认知、知识内化的过程。但是,在目前的运动技术教学中,大部分学生忽视了知识的内化过程,对技术动作的学习很大程度上停留在对教师示范动作的机械性模仿阶段,而对动作的要领及完成动作的关键却很难领会。由此不难看出,在技术动作的学习过程中,许多学生都忽视了自身思维能力及其心理因素所能发挥的重大作用,忽视了自身视觉知觉和动觉知觉

的培养。因此,有必要通过对表象训练与一般技术动作教学间的关系和规律的阐述,进一步分析表象训练法应用于羽毛球教学的可行性和有效性,并结合羽毛球技术教学方案的实施,以期改变大多数学生以往的学习方法,提高学生思维活动在运动技术学习过程的参与度,从而使学生能够较好地完成技术课的学习,使学习过程达到最优化。

(一)以羽毛球的网前勾球技术为例

1. 制作羽毛球技术动作图。在授课之前,教师要让学生看懂并理解图中的动作,初步建立动作概念。学生通过看图并想象网前勾对角线技术动作,使学生头脑中的技术动作形象更加"逼真、正确、生动",但该过程需要重复多次,使动作概念逐渐由模糊到清晰。

2. 学生应结合教学进度,利用自己手中的图示,运用自己了解的正确动作表象,闭目反复想象正确动作的每一细节,再想象自己如何完成这一动作,使头脑中出现的动作表象与实际动作趋于一致。

3. 每次表象训练最好通过自我暗示的方法加以引导。如心中默念网前勾对角线的口诀:上步—引拍—压腕—还原,随着暗示性语言展开想象,反复练习。

4. 表象训练可结合想、练同时进行的方法,在闭目想象动作的同时,做徒手模仿,这样有助于提高技术动作的准确性,建立良好的动作本体感觉。

5. 课外表象训练可以根据技术动作教学的进程,在每次课结束后完成,内容要由易到难。课外表象训练有着十分重要的作用,一方面可借助学生思维能力和自我控制能力,使想象起到良好的效果;另一方面学生课上的练习远远不能达到巩固技术动作的目的。

(二)表象训练的成果探讨与分析

1. 表象训练可以加速学生形成正确的运动技能。运动技能是指个体在运动和锻炼过程中通过学习获得的运动行为,它是在大脑皮质的直接参与下而实现的肌肉运动。运动技术的形成过程本质上就是建立复杂的、连锁的、本体感受性的运动条件反射过程。当各种刺激信息以冲动的形式由传入神经传输到大脑中枢,并在相应的中枢留下"痕迹"、再经大脑的整合将信息沿传出神经传输到效应器,从而形成各种动作。因此,运动技能的形成是外界因素与人发生神经联系的过程。但在实际的运动技能的形成过程中,这种神经联系是暂时性的,并且易受到外界因素的干扰。而表象训练能较好地避开干扰,通过在大脑皮层中反复地描绘正确的技术动作过程和形象,使正确的刺激不断得到强化,从而促进了中枢神经联系的恢复,使神经联系和相互影响更加明确。同时,在进行动作调整时,神经系统有可能产生的延误就会被减少到最低限度,从而能加速正确技术动作的形成和运用。总之,表象训练法能够克服学生在学习某一技术动作时的盲目性,注重在练习的过程中引导学生动脑并学会用脑,依靠大脑的积极思维来指导、校正肌肉运动,使所学的技术动作尽可能快地接近并达到标准动作,从而加速学生对运动技能的正确掌握。

2.表象训练有利于视觉表象与动觉表象的结合。任何一种运动技能的形成都离不开视觉表象和动觉表象的作用,这两种表象同时存在,并相互影响和作用。例如,羽毛球网前球技术包括放网前球、勾网前对角线球、挑后场球、扑网前球等,将力量大小等信息传输给大脑的有关中枢,促使思维活动对各种网前球技术动作过程和要领产生回忆和联想(通常该过程是瞬间完成的,并且与学习各项技术动作、掌握的程度密切相关),然后通过身体练习对各项技术动作加以练习,并结合动作表象感知肌肉和关节的活动情况加以"记忆",最后以网前技术动作的形式输出。通过表象训练将动作技术的各个环节从头到尾地连接成一个完整的技术整体,通过视觉表象的信息输入引起对技术动作的回忆,再经过动觉表象训练以后,大脑中就可以形成完整的、清晰的、正确的动作形象。因此,在进行实际的练习时,就能根据大脑中留下的动作的形象,并通过表象训练时产生的正确的肌肉感知协同作用,以此指导身体动作。总之,通过表象训练,可以将视觉表象和动觉表象更有效地结合起来,从而能有效地克服可能产生的错误动作,以期尽快达到正确动作的标准。

3.表象训练有利于集中学生的注意力,提高学习效率。在运动技术教学中,学生的注意力能否集中和专注于当时的学习对象,将直接影响学习效果。而适宜的唤醒水平是影响注意力的重要因素。若唤醒水平过高,则注意的指向范围将过于狭窄;例如,在羽毛球吊球练习时,若学生的注意力只集中于击球时的手型,而忽视了脚步移动的配合及身体协调发力,那么,学生不仅难于掌握完整的羽毛球吊球技术,而且会产生不良的情绪反应,而不利于该技术动作的掌握。同样,若唤醒水平过低,则注意力不集中,也会对学习技术动作不利。然而,采用表象训练,有利于调节学生适宜的唤醒水平。由于在表象训练过程中,学生做到了想练结合、动静结合,不仅能调整运动量,而且能使学生的注意力高度集中,在一定范围内大脑皮层的唤醒水平明显上升。另外,生理学知识表明,当学生进行积极的思维活动时,与表象有关的皮层中枢处于兴奋状态,其他中枢处于相对抑制状态,从而降低了外界因素的干扰,因此,通过反复的有规律的思维活动表象训练,能够促进正确运动动力定型的建立,提高学习效率。

4. 表象训练有利于发挥学生的主体作用。传统的运动技术教学,学生在很大程度上是被动地接受教师的讲解与示范,并且对教师有较强的依赖心理。而表象训练则是引导学生不断强化思维与记忆,自觉地建立、巩固和回忆动作表象,并有意识地运用表象活动来指导自己的身体练习。生理学的知识已经表明,表象训练时虽然体力消耗不大,但体内的生理变化及由此消耗的"精神"能量与实际运动时则是十分相似。可见,在表象训练时,学生的思维是十分活跃和积极的,从而有效地发挥了学生在学习中的主体作用,有利于提高教学效果。

四、"多媒体"表象训练法在羽毛球训练中的运用研究

(一)"多媒体"表象训练法在传统表象训练法基础上融入了现代多媒体技术

"多媒体"表象训练法抓住了表象训练法的核心环节,表象的来源丰富、清晰、正确,便于大脑的图像记忆及辨析,有助于活跃课堂气氛,提高表象训练法的教学效果,缩短教学时间,高质量地完成教学任务。

表象训练教学法是在教学中学生通过大脑的思维活动对刚刚建立起来的技术动作图像在大脑中反复描述,不断强化,使正确、清晰、完整的技术动作形成表象,以便根据动作表象进行技术动作的练习。因此,我们可以把表象训练的核心环节分为3个阶段,即图像的采集(表象的来源),大脑的动作图像记忆及辨析(表象的建立),表象指导下的动作练习(表象训练)。可以看出,课堂传统的表象训练教学通常仅仅是通过视、听觉观察教师的示范和讲解,以获得的信息,建立表象。这存在着一定的局限性,图像采集来源单调,规范程度不确定,不便于记忆,大脑图像的辨析针对性不强。而多媒体技术在表象训练教学法中的引进弥补了传统表象训练法的局限,丰富和完善了表象训练法的前两个环节。

(二)不同羽毛球单个技术的教学过程中运用"多媒体"表象训练法的教学效果不同,动作要领复杂的技术教学效果优势更为明显

在羽毛球选修教学中运用表象训练法的原理基于运动时神经系统把感知过的运动物体、肌肉感觉、运动线路等因素以痕迹的方式存入大脑,当遇到适当的刺激时大脑会产生思维而恢复对运动因素的感知。利用表象这一生理特征作为一种方法运用于体育教学中,把复杂的运动技术通过示范感知和分解强化,形成表象后通过人脑记忆把实践过的运动因素在人脑中形成相对完整的技术动作概念,再经过综合训练来加深对整个技术动作的理解和掌握,以能加速建立正确的运动动力定型。但本次教学实验结果产生了一个有趣的现象,在羽毛球发球落点达标测试中,正、反手发网前球落地点测试中,实验组和对照组成绩评定没有显著性差异,而在正手发后场平高球、高远球落地测试中,二者成绩存在显著性差异。在羽毛球串联技术评定中,反映出运用表象训练法取得了很好的教学效果,实验组和对照组存在着非常显著的差异,实验组普遍优于对照组。经过分析,我们认为在羽毛球技术的教学过程中,多媒体表象训练法对提高动作要领复杂的技术的规范性、完整性、合理性都有着很好的效果。

由于羽毛球技术包含的单个技术比较多,在运用表象训练法时,要有

针对性地进行运用，越是复杂的单个技术，如后场头顶击高远球，动作要领很多，包括：对球的判断，转髋引拍，发力腿的蹬地，身体的反弓，收腹带动肩、肘、手的鞭甩，手腕的快速闪动击球，落地脚的支撑与回位等系列动作要领，采用传统教学法，由教师重点讲解和纠错，很难在短期内让学生完整学会动作，而通过多媒体表象训练法，让学生把优秀运动员的动作结构、完成过程反复在大脑中进行回放，深刻记忆其动作要领和发力顺序，再通过运动实践反复练习和体会，能够大幅缩短教学时间和提高动作掌握的质量。而技术组成中简单的技术，如反手发网前球，主要动作要领仅仅是持球握拍准备姿势，手腕发力，控制挥拍的力度和拍面的角度。学生要掌握好这项技术，更多是增加练习的次数，增强肌肉对球、拍的本体感受细腻程度，提高发球的稳定性。传统的教学方法如：重复练习法，完整与分解练习法等教学方法就能取得很好的教学效果。

（三）从运动技能形成的4个阶段来分析羽毛球技术教学的过程

"多媒体"表象训练法体现出教学效果的优势，学生掌握动作快、规范、出错率低，容易形成稳定的技术动作动力定型。根据运动生理学运动技能学习过程中的特点，运动技能的掌握主要分：泛化、分化、巩固、动作自动化4个阶段，我们在羽毛球选修教学中发现，往往从分化到动作自动化这个过程中所花费的时间最长，也是教学的难点，如果这个过程的教学出现偏差，学生形成了错误的动力定型，以后就很难纠正。因此，根据运动技能掌握的这个规律，设计了不同的表象训练形式，重点加强学生对规范动作要领整体及细节在大脑中的记忆及形象再现，并进行正、误图像在大脑中的比较，加快技术掌握的学习过程，形成规范的技术动作动力定型，从学生的自我学习效果评定和串联技术综合评定得分来看，通过"多媒体"表象训练法进行教学的实验组成绩普遍优于对照组，二者有着非常显著的差异。

(四)羽毛球特有的步法教学采用表象训练法能产生非常好的效果

羽毛球技术与其他球类项目相比有一个比较明显的特点,就是在整个技术组成中步法是一个很重要的环节,特别是单打项目。即使是专业队训练,步法训练在整个训练计划中也占有很大的比例。步法的学习看似简单,但对于初学者来说却很困难,经过分析主要原因有二:一是羽毛球步法的动作要领涉及的方面很多,包括:规范的移动方法、起动与制动的重心控制、步法与击球动作的衔接、击球步法与回位步法的衔接等。二是羽毛球的后场球移动,其显著的特征是很多种情况下要求短距离的快速向后移动,这与人们通常的移动习惯有很大区别,要求学生有很强的身体重心控制能力才能完成得比较到位、流畅。本次教学实验通过对优秀运动员的不同步法录像采集,在教学中进行慢动作演示,使学生了解动作的要领细节,再通过表象训练,取得了很好的教学效果。

(五)"多媒体"表象训练法益处多多

(1)"多媒体"表象训练法抓住了表象训练法的核心环节,表象的来源丰富、清晰、正确,便于大脑的图像记忆及辨析。提高表象训练法的教学效果,高质量地完成教学任务。

(2)羽毛球不同单个技术的教学过程中运用"多媒体"表象训练法的教学效果不同,复杂动作要领的单个技术的教学效果更为明显。

(3)在不同的教学阶段采用不同"多媒体"表象训练法,缩短了单个技术的教学进程,学生学习出错率低,更容易形成稳定、规范的技术动力定型。

(4)羽毛球特有的步法教学采用表象训练法能产生非常好的效果,实验组学生表现出步法运用灵活、合理、规范,与击球技术衔接流畅。

第二节 多球训练法

当今世界羽毛球运动的水平已经进入新纪元的发展阶段,优秀顶尖的羽毛球运动员不但要具备纯熟的技术,多变的战术作前提,更要有良好的身体素质作保证。羽毛球的身体素质训练、专项技术训练和专项战术训练是有机的整体,合理的科学训练则是运动员是否成功的关键因素。科学技术的进步,为今天的竞技运动训练提供了坚实的保障措施,训练科学化程度的提高、训练手段的多样化,促使运动员在训练过程中不断挖掘运动潜力,来满足竞技运动水平不断提高的需要。而多球训练方法是羽毛球项目常用的提高专项技术与专项耐力的重要训练手段之一。多球训练方法呈现多种多样的形式与组合,不同的球数、不同的组数、不同轮换人次的频率以及发球的球速变化都会对训练效果产生不同的影响,表现出不同的专项特征。

一、羽毛球多球训练方法概述

羽毛球多球训练方法通过不同数量的供球次数和组数,不同频率、节奏和速度的快慢,在训练过程中的单位时间内来控制运动员的训练密度、负荷和强度,达到双重效果,有效地提高运动员的身体能力和技术能力,不同的训练手段与方法,可以达到不同的训练效果,长久的实践证明,多球训练是提高羽毛球运动员专项技、战术能力的一种重要训练手段。

二、羽毛球多球训练的形式

多球训练有多种形式,其中"一球一击"即一人连续不断地快速供球,主练者连续击球;"多球单练"即供球者与主练者相互对击,直到该球失误再发出下一个球继续对练,这是多球训练中运用最多的两种基本形式。另外,"定点击球"是指供球者将球连续不断发到一个点上,主练者在一个固定的位置上回击球,而"移动击球"则是供球者将球发到不同的落点,让主练者在左右前后移动中回击来球。"定点击球"是加强对基本技术动作的巩固和掌握,而"移动击球"则是在加强步法移动速度的同时,提高移动中击球的准度。这几种训练在供球方法上有着明显区别,不同的供球方法有着不同的作用,产生不同的效果。

三、羽毛球多球训练的方法

(一)单组练习的次数

单组练习的次数是指每组训练过程中供球的具体数量,动员必须按规定数量要求完成的次数。单组练习次数少要根据训练内容和目标决定。训练内容包括羽毛球术、有氧耐力、反应速度、速度耐力和灵活性等。在单个技术动作时,单组练习的次数要多、密度要大,动力定型。安排固定球路的训练为20~30次一组,安排耐力训练时采用反复持续多球训练为30~40次一组,速度耐力训练时采用15~20次一组,安排速度和灵活练时采用10~15次一组,加快节奏供球。

(二)练习的组数

练习的组数是指在整个课时训练计划实施过程中,通过时间的间隙分隔开,完成"单次练习"的重复。练习的组数也是由训练内容和目标决定;进行轻训练时的组数应安排较多,密度较大,为7~8组;安排训练时组数为3~5组;安排有氧耐力训练时练习的组数为6~8组,节奏较慢;安排速度和灵活性训练时,练习组数为3~4组,节奏加快;安排速度耐力训练时练习组为5~6组,节奏适中。

(三)组与组间休息时间的控制

在训练过程中,组与组之间的休息时间应作科学合理的控制,不能太快也不能太缓,在羽毛球多球训练中,积极的恢复是运动训练的重要内容。采用此方法时,最好采用3人一组,不间断地轮流上场练习,在提高速度耐力素质时,适宜的间隙应控制在60s左右;在发展有氧代谢能力的时候,应采用的间隙时间最好是以运动员10s脉搏的恢复程度来决定。

(四)供球的速度

供球的速度是指发出的羽毛球在空中飞行停留的速度。我们一般把出球速度划分为:极限速度、正常速度和迟缓速度;对于熟练单个轻技术、步法训练和增加有氧耐力能力的训练,供球的速度应相对较慢,节奏较慢;对于提高绝对速度、反应速度和发展速度耐力能力的训练,供球的速度应相对加快,节奏加快。

（五）供球的频率

供球的频率是指训练过程中每次发出球与球之间的衔接时间。对于发展单个轻技术和增加有氧耐力能力的训练,供球频率的节奏应该降慢,达到熟练的程度;对于提高反应速度、发展速度耐力和专项灵活性训练时,供球频率的节奏应该加快。

四、羽毛球多球训练应注意的问题

（一）对初学者的训练时注意的问题

对于基础比较差的学员,以掌握基本动作、基本技术、基本步法训练为主。在训练中,主要围绕着掌握和规范动作、强化某一技术特点的单一或连贯组合练习,且某一阶段可能要多次反复地进行。羽毛球技术中的高球、吊球、杀球、网前球是最基本的技术,在进行多球练习时,一定要遵循从易到难、从慢到快这样一个原则,每阶段训练目标不要制定过高,基本掌握一个技术后再进行下一个技术练习。刚开始时可采取单一固定点的练习,供球时可慢些,难度小些,让他们先找到对球的感觉、击球点的位置、动作的要领,随着技术掌握的牢固程度,再结合步法进行移动多球练习及前后场的连贯多球练习。在教学的同时,对这一群体在语言上要多给予鼓励,使他们乐学、好学,有积极性,真正做到教有所值,学有所获。

（二）对有一定水平者训练时注意的问题

对于有一定水平的学员,主要以基本技术熟练程度和技巧性、战术意识及战术球路组合能力练习为主,要从"快、狠、准、活"这几方面来要求。"快"就是快速,是指移动速度,技术动作的出手和出球速度,要以快制胜。"狠"主要是指以攻为主。"快"与"狠"是推动羽毛球运动发展的原动力。"准"主要是指击球落点的准确性和稳妥性,这是对心理和技术要求的一项重要指标。"活"就其核心而言就是扬己之长,避己之短,在练习中,为了提高进攻的能力和前后场衔接的速度,可采用杀上网抢高点、前半场扑推突击、两边跳杀、全场跑等方法,要多组数,少次数,一组跑动时间大约20~25s,休息10~15s再进行下一组。约6~8组再换另一项目练习。防守能力的多球训练方法也很多,多以数量少、速度快、组数多的方法,如全场大对角、被动接杀吊、接高处向下发的四方球、多点打一点等,强度以球员感到完成动作有一定难度,但全力以赴又基本能完成的这样一个尺度。

(三)多球训练应加强运动员的体能

任何项目的训练,都离不开身体素质与专项技术,两者相辅相成,密不可分。由于身体素质训练比较枯燥,学员一般不乐意接受。如果在身体训练中与专项技术相结合,使训练中的趣味性、技术性更强一些,这样,就可以激发学员练习的积极性。因此,在授课时可根据本次课的任务,用多球来达到身体素质训练的目的。例如,羽毛球比赛突出的是过程强度,重点是每一回合的多拍能力,这就需要速度耐力,故可采用多组数的多球训练,开始以负荷20个球×15组,组间歇30s。经过一段时间的练习后,逐渐增加速度、强度和组数,同样的负荷不变,但完成的时间减到30s×20组,组间歇20s。

总之,多球训练不仅趣味性、刺激性强,而且能与专项技术结合在一起,使球员注意力更加集中。可以说,多球训练有助于初学者掌握羽毛球的基本技术和战术;多球训练有助于增加运动负荷,从而提高训练效果;多球训练有助于提高运动员的心肺功能和培养运动员顽强拼搏的意志品质;多球训练可练到单球训练不易练到的内容,解决单球练习不易解决的问题。同时,多球训练融会了对手法、步法、应急反应等的专项要求,还可以人为地控制时间、次数、速度、强度和停顿,因而,是最为专项化的训练方式。但随着羽毛球运动的发展,技术的进步,多球训练也应不断创新求变,使方法手段更加专项化、定量化、具体化和科学化。多球训练有助于初学者掌握羽毛球的基本技术和战术。多球训练有助于增加运动负荷从而提高训练效果。

第三节　念动训练法

羽毛球是一项具有深厚的文化底蕴的运动,是有高雅的属性和适应人们追求时尚、关注健康需求的运动项目。在高校中,羽毛球运动深受学生的喜欢,不仅因为羽毛球运动是一项富于变化的有氧运动,同时也是因为羽毛球运动对于学生之间相互交流,促进学生团结合作,增强学生体质的同时还能使学生获取成功感。在目前高校中,参与羽毛球运动的学生人数属于递增发展态势。现今各个高校的羽毛球场馆对于满足学生从事羽毛球运动的需求明显不足,给实际教学提出了很大的难度。通过有限的羽毛球课程教学,要想让学生短期内提高自己的运动技能水平,教师应能根据学生的特点采取恰当的手段和教学方法促进学生运动技能的不断提高。相比传统的教学方法和训练手段,在教学过程中适当地加入心理训练中的念动训练,对于学生提高羽毛球运动技能有较好的帮助。念动训练对于环境的要求较低,是需要学生通过运动观念的引导在头脑内不断地重复运动的表现,以强化训练效果的一种心理训练方法,针对目前高校羽毛球教学的实际情况,使用起来较为方便,同时产生的效果也较为理想。

一、念动训练的概念

念动训练也称心理回忆训练,是心理训练方法的一种。念动训练是指由运动观念而引起的运动反应,通过对运动的想象或回忆来实现的。这是一种运用表象和自我暗示相结合的心理训练方法,即利用有关运动的所有适宜感觉以及和各种运动经验有关的情绪,在头脑中进行演练,以达到重复、修正、发展和创新自己的运动动作。念动训练的理论依据是心理学中的心理神经肌肉理论,其能改善和提高运动技术的实质是由于大脑运动中枢和骨骼肌之间存在着双向神经联系,当运动员主动地想象和体会某一动作,产生近似真实的运动表象时,会引起相关的运动中枢兴奋,这种兴奋经传输神经传至相关肌肉,肌肉往往会产生与想象一致的动作,这种想象动作神经肌肉运动感觉与实际做动作时神经肌肉运动模式,在活动的类型上完全相同,但在强度上较弱。

二、念动训练在体育运动中的作用

念动训练与技术训练、战术训练和身体素质训练是互为一体的,是相互影响和相互促进的。能帮助学生在羽毛球运动中形成精确的运动感知觉和清晰的运动表象能力,发展学生的思维敏捷性和灵活性,促进快速运动反应能力的培养;具有将注意力长时间集中或迅速转移及分配到特定对象上的能力;有助于学生形成良好的性格,改善个人的兴趣品质,提升或改变学生的气质,促进运动训练所需的特殊能力的形成;有助于培养学生心理过程的稳定性,平时锻炼在极端紧张的活动时控制自己心理状态的能力,在参加训练和比赛时才能有适宜的心理状态。

三、羽毛球教学中念动训练手段的运用方式

(一)念动训练在羽毛球基本技术中的应用

念动训练教学法是重视动作概念与动作表象的建立,要求学生通过念动训练有意识地、不断地建立神经通路的联系,使学生在掌握动作的初级阶段就形成良好的动作反馈系统,这样就能借念动训练而形成的动作表象来较好地调控肌肉感觉,达到正确技术动作的要求,较快掌握该项技术,即对进行的动作技术过程,包括动作要领,用力的顺序、方法和时间等做系统的回忆练习,训练的方法可以采用默想,也可以看书,看图片或同其他伙伴练习进行回忆,目的是为强化技术动作的正确概念,改进技术和提高动作技术的正确性。体育运动动作是头脑将外在表现的技能视为信息进行加工和改造的结果,是心理功能的外在表现。实际上,动作的发起和完成都是取决于内外信息在个体心理系统中的登录、编码、储存与提取的过程。羽毛球运动中,动作的形成不仅是肢体和躯干的共同活动,也涉及对羽毛球运行的轨迹、方向、角度、距离等的感知、分析和判断,从而形成执行动作的程序。由于羽毛球教学不同于训练过程,上课学生人数多,授课时间和学习场地有限,学生能够进行练习的时间相对较少,因此采用"内心演练"的方法对于学生学习羽毛球运动技能会有明显的效果。在羽毛球运动技能形成的初级阶段,应将念动训练放在动作的重点、难点与纠正错误方面。如握拍、身体的基本姿势、挥拍的角度、脚步的位置,这个阶段要想象球与拍接触时,自身的基本反应方式,脚步的配合及回球的方向、位置,并在这个过程中能感觉到自身是非常舒服的,全身能明显感觉

肌肉的运动状态。在回球以后能想象自身马上回到场地中线位置,并能预判对手回球的速度、角度,经过不断地想象与练习,改善自身的基本动作方式与反应速度,促进动作不断达到自动化,优化动作结构,提高脚步的灵活性,强化运动意识的形成。在纠正错误动作方面,应抛弃习惯性动作,严格按照标准动作进行想象练习,并在头脑内对照自己的动作方式进行动作结构的调整。经过这样想象的练习后,可以对照镜子将动作做出来,通过与头脑内技术动作的对照达到技术运动标准的要求。在练习过程中,注意力要高度集中,想象自己的动作完全符合要求,反复进行想象练习,这样羽毛球运动技能的基本动作结合实际训练会在短期内形成,为以后提高羽毛球运动技术水平奠定良好的学习基础。具体的教学流程应是"讲解与示范正确动作—念动训练—学生进行练习—念动训练(纠正错误动作)—进行练习—念动训练—模拟训练(效果检验)"。

(二)念动训练在羽毛球战术训练中的应用

技术是战术的基础,技术只有通过战术才能得到充分发挥和良好运用。战术训练效果的好坏除了与技术的掌握有关外,更重要的一点是与战术意识的强弱有关。战术意识的特点反映在几个方面:第一,思维过程具有行动性;第二,是通过第二信号系统实现的;第三,由于动作变化迅速,所以思维活动也要进行得迅速而灵活;第四,运动中的思维是在激烈对抗的条件下进行的,因此它与情绪和意志紧密相联,根据以上几个特点,念动训练是进行战术与战术意识的最好的方法之一。羽毛球运动分为单打和双打两种形式,在单打过程中,应根据自身技能的优势特点从发球开始进行想象,判断对手回球有几种可能,每一种可能自己应以什么样的方式进行反击,如何在手腕和身体姿态上做假动作,回球的角度、速度应该如何,这些都可通过念动训练而进行,当这个过程完成以后可以寻求水平高于自己的选手进行模拟训练,检验自己的实际战术是否有效,并根据实际状况的信息反馈不断进行战术和技术的调整,如此往复,这样就能在实际的训练中快速地提高自己的运动水平和战术水平。在双打过程中,由于涉及与队友的配合,因此两个人要相互进行了解,了解彼此的运动特点和性格特征。在训练过程中应加强两人的相互配合与补位,网前小球和后场高远球的控制与处理的能力,在头脑中要先行勾画好行动的路线与设计球的运行轨迹,并在训练中不断强化战术打法,进而形成非常默契的双人战术。在实际教学过程中,根据双打网前球和中后场球的特点,应选择两名同学对于学习者进行不同位置的接球训练,同时,强化受训者场上跑动的效率与接球的技能水平,从而增强在实际比赛中处理球的意识。在羽毛球双打中战术的体现主要是由场上两名配合的队员之间位置的不同进行判断的,分为平行站位和前后站位两种,每种站位方式都是根据两名队员之间配合的默契与战术打法有直接的关系,因此,平时的训练中应根据场上具体的变化进行相应的调整与变化。

随着高校教学改革的不断深入发展,高校体育课程在教学方法上也应有一定程度的变化,作为大学校园中深受大家喜爱的羽毛球运动,高校中现有的体育场馆已经不能满足学生们学习与练习羽毛球的需要,在教学过程中采用念动训练的教学方法与手段,能够解决学生因为实际训练时间少而导致的技能水平提高缓慢的问题。通过实际的教学过程发现,经常在头脑内进行羽毛球技术和战术演练的学生在从事羽毛球运动时其学习效果相对没有进行演练的学生学习效果要好,技、战术提高的幅度也较为明显,学生的学习兴趣也更浓厚。

第四节 分层教学法

近年来,随着羽毛球运动的普及,特别是在素质教育全面实行的浪潮下,体育教学承认学生身体的差异,同时也尊重差异的存在,这是体育教育者科学的态度。当前羽毛球已进入高校体育课堂,成为大学生普遍喜爱的运动项目。高校体育课最重要的任务就是提高健康水平,增强学生的体质。由于羽毛球在高校中开设的是选修课,课时数量有限,选课的学生存在性别不同、体质差异、技术参差不齐等因素,可见,如何能培养学生的兴趣,让他们真正树立终身体育、快乐体育,使学生个性化的发展、增强身体素质、意志品质与道德修养,最大程度地提高大学生羽毛球运动水平和能力是目前高校亟待解决的问题。

普通高校开展羽毛球课程,由于学生来自不同地区,文化和身体都有明显差异,同时学生对羽毛球认知的程度也存在差异,如果还是采用常规的教学组织方式,一刀切的教学方式,往往会造成极少数同学达到教学目标,大多数同学还未达到教学目标。这就使接受能力比较快的学生认为教师授课的深度与广度比较肤浅,希望老师能更深层次进行教学;而接受能力比较慢的学生则认为教师只顾教学进度,不能吸收所学的基本知识,希望老师放慢教学进度,给予帮助与指导,加强练习。如果长久下去,势必会造成两极分化,从而产生教学矛盾,导致学生产生厌学、枯燥的情绪,抵触教师授课,因此就会出现"吃不饱""吃不了"的现象,无法使学生感受到体育给他们带来的成功感与快乐感,无法使学生的身心得到发展。

一、国内外分层次教学研究的现状

(一)国外分层次教学研究的现状

叶琳、刘文霞在《教学与管理》发表的《国外分层次教学历史发展概况》一文中说,在西方,分层次教学的雏形是1868年由美国教育家哈利斯在圣路易州创立的"活动分团制",即教师通过测验的方式,将学生按水平高低分成甲、乙、丙三层,水平相对较高的甲、乙两层在课上做各种练习时,教师对水平较低的丙层学生进行个别指导,待其基本理解教材内容后,再向全班学生进行下一个新课程的教学。

黄晓颖在内蒙古《科技与经济》上发表的《国外分层教学的历史发展》一文中说,从分层次教学的产生至20世纪末,分层教学经历了四个不同时期。第一个时期:分层教学初步发展时期,得到重视并得以不断丰富多样化。第二个时期:分层教学衰落期,由于二战的影响,分层教学一度衰落。第三个时期:分层教学恢复期,战后世界格局有了新的变化,随之恢复了对分层教学的重视。第四个时期:分层教学的盛行与多样化时期,分层教学思想多样化态势。

(二)国内分层次教学研究现状

裴希山在山西财经大学学报发表的《分层次教学现状调查研究》一文中说,分层次教学体现了"因材施教"的原则,能满足不同层次学生的需要,使水平不同的学生都能得到发展,符合素质教育的要求。分层次教学的宗旨是"面向全体、全面发展",它是"因材施教"这一重要教学原则的具体体现,它在对学生实施知识教育的同时实现人文关怀,通过分层次教学,教学管理的科学化与规范化得以促进。

乔诚、许建生在《北京体育大学学报》发表的《大学体育分层次探讨与实验研究》一文中说,通过分层教学,能解决体育教学中学生素质参差不齐与教学要求同步划一的矛盾,使学生不仅在运动素质及技术掌握上有很大地提高,而且还能显著提高学生的非智力因素水平,使大学体育教学走向素质教育的轨道,为当前的教学改革提供有力的理论支持。

屈静力在硕士论文《河北工程大学篮球专项课分层次教学的实验研究》中说,分层次教学是体育专项课教学的延续和发展,是充分调动学生学习积极主动性、自主性的教育改革新模式。其目的是为加大学生选择空间,缩小学生基础差距,加强教学实践的针对性与合理性,建立与培养学生健康心理发展的教学模式。

张忠诚在《陕西教育》上发表的《体育课要讲究分层教学》中说,体育分层次教学是根据学生的个体差异、身体素质、运动技能、兴趣爱好等因素基本相同进行组合,划分不同层次,确定不同层次的教学目标,有针对性进行体育教学,并制定不同评价标准的一种教学模式。体育教师对不同层次的学生采用不同教学方法,创造与之相适应的教学环境,使每个层次学生的个性和体能都能得到发展,学有所得,学有所获,以达到共同提高。

李智勇在《安阳大学学报》发表的《体育分层次教学试行与研究》中说,体育课分层次教学以人为本,面向全体,从实际出发,最大限度地考虑学生的差异,利于因材施教,充分发挥学生的主体,对提高教学效果有独特的作用。以学生为主体,能发掘学生的特长和潜能,使每个学生都学有所得,学有所成。对提高学生学习兴趣、明确学习目标、培养学生良好的人际关系和合作意识、参与教学的意识和能力等非智力因素方面有积极的作用。

史鲜玲在《教学与管理》上发表的《体育教学实施分层次教学的实验

研究》中说,运用分层次分组教学法及其组织形式,不仅适合学生的各种特性及其体育教学观,还能较大限度地满足不同层次学生的求知欲,有利于教师在体育教学中贯彻因材施教的原则,根据学生不同心理特点充分激发不同层次学生的学习积极性,为每个学生的终身体育思想打下坚实的基础。

(三)高校羽毛球选项课研究现状

吴毅在《读与写》(教育学学刊)上发表的《高校羽毛球选项课现状讨论》中说,羽毛球运动在高校普及较广,且深受学生的喜爱。教学中课堂气氛非常活跃,让学生们的激情空前高涨。这项运动真正靠其自身蓬勃发展。教学中使学生掌握基本技术动作,并且也掌握了一些比赛常识,有效地提高了教学质量。

李贤彪,夏志琴在《咸宁学院学报》上发表的《我院大学体育羽毛球选项课教学现状调查与分析》中说,学生对选项课学习的长远目标认识不够,缺乏对终身体育思想的认识,学校在这方面引导、宣传、教育的力度不够。加强大学生在校期终身体育观念的培养,养成自觉锻炼身体的习惯,使其终身受益。

二、"分层次教学"研究的目的及意义

(一)"分层次教学"研究的目的

体育教学中强调素质教育的全体性、全面性和自主性,是体育教师在具体的体育教学实施过程中所应努力的方向和目标。但很多体育老师习惯运用传统的组织方法进行教学,同时忽视学生身体素质、心理、性别、技能等差异,采用统一教材、统一教学、统一要求、统一考核标准。"一刀切"的教学现象,严重地影响了学生上体育课的积极性,不利于学生的个性化发展。

体育课教学中学生来自不同的地区,文化、身体素质、心理素质、思想品德、思想意识、认知程度、性别不同等因素,都将导致在体育教学中存在必不可免的教学难点。同时也造成有的学生学习比较快,但还未达到学生自身的学习程度,就得向老师反映学习得不够深,要求增加难度与知

识;而学习比较慢的学生,则认为教师讲课比较快,希望给予帮助与指导,同时要求老师授课的进度放慢,有利于他们的学习,并要求教师在课后业余时间帮他们巩固与提高。这就产生了一个矛盾,如果矛盾的激化程度越来越严重,势必导致两方面的学生同时产生厌学的情绪,抵触老师正常的教学,从而使学习快的学生感觉没有可学的知识,而学习慢的同学产生自卑的心理,因此就产生"吃不饱"和"吃不了"的矛盾。为了解决这一矛盾,使两方面的学生都能够得到学习和锻炼,体验体育运动带来的愉悦与成功的满足感,更好地完成教学任务,采用"分层次教学"是适宜的。通过本研究,为今后普通高校羽毛球教学提供理论依据。

(二)"分层次教学"研究的意义

教育必须面向全体学生,全面提高教学质量,学校既要对每一位学生负责,又要对家长负责,对社会负责,使每一个学生在高校学习期间,都能得到所需的基本知识,又能达到身体与身心的健康。随着高校体育资源的不断丰富,以及体育教学改革的不断深入,学生在教学中的主体地位越来越被重视,学生的个性发展也被充分尊重,高校体育选项课采用分层次教学,能真正提高学生的身体素质、心理素质以及竞争意识。

1.分层次教学真正突出了"因人而异,因材施教"的原则

尊重学生的个性,真正实现了高校体育教学促进学生身体健康发展的体育教学目标。同时也能增强学生的竞争意识,让学生认识到只有通过体育锻炼才能有一个健康的体质。针对学生身体的差异,不同层次设计相应的教学要求、内容和方法,促使不同层次的学生都能掌握所学的技术动作和练习方法,有效地解决学生中"吃不饱"和"吃不了"的现象,变被动学习为主动学习,并得到最优的发展,使学生感受到成功的乐趣。打破传统教学的束缚,增强了学生之间的交往能力与合作精神,对和谐校园、和谐社会的创建起到很大的促进作用,同时培养学生个性化的发展,为"终身体育"与"快乐体育"奠定基础。

2.分层次教学有利于素质教育

素质教育就是以全面提高全体学生的基本素质为根本的教育。它的核心是"培养人的创新精神与实践能力",是展现人的独立个性的教育。

素质教育面向全体学生,使每个学生都得到全面发展,在分层次教学中,更应该加强素质教育。根据学生身体素质差异、个性差异、心理差异等方面,分成不同的层次,再根据不同层次学生的特点,安排合理教学内容,使每个层次学生在学习中都能得到提高。

3. 分层次教学有利于教学评价

体育课考核是衡量学生学习的重要手段,是了解学生在学习过程中掌握知识的情况,也是对教师教学效果的检验。通过成绩考核,可以了解学生学习的效果,可以从中发现问题,并在以后的教学中避免这一情况的发生;强化学生的学习动机,同时主要是反馈信息。在分层次教学考核中,根据不同层次的运动技术水平、制定不同的考核标准、使学生得到公平、合理的成绩,增强教师的信誉度,同时也能够提高学生学习的积极性与主动性。

三、分层次教学的结构分析

(一)分层次教学的内涵

所谓"分层次教学",就是教师根据同一教学班的学生客观存在的差异性,在教学中改变传统的课堂教学模式,改革传统的共性教学,有效地实施因材施教、因人施教。根据学生不同的身体素质和运动能力进行分层,针对学生的不同层次设计各自相应的教学目标、教学内容、教学方法及教学评价,有效地解决学生中"吃不饱"和"吃不了"的现象,使每个学生的特长和能力都得到充分的发展。使各层次的学生,人人有兴趣,人人有所得,都能较好地完成学习任务,提高全体学生的素质。

(二)分层次教学的特点

分层次教学主要有两个特点:一是能满足学生学习的需求。学生对学习的需求及认知,因身体素质、个性特征,技术能力、心理素质都存在着一定的差异,但是必须尊重而重视这种差异,根据这些差异,合理安排教学内容、教学方法、教学手段,才能满足学生对知识的需求。二是充分体现教师的主导作用。教师是教学活动的主导者、决策者,是教学活动的组织与管理者,是合理传授知识、纠正错误的指导者,是解答疑难问题的解惑者,能够在教学中鼓励帮助学生提高运动技术水平。分层次教学,因分出不同层次,在不同层次中设立一个教学环境,让学生在每个教学环境中都充分体现出自己的实际水平,提高自己运动技术,感受自己获得成功的乐趣,最大限度地调动学生的积极性与主动性。弹性地选择会使学生自己有更大的学习空间和时间,激发学生的创造性与拓展性。

(三)分层次教学的优越性

高校体育选项课进行分层次教学,符合学生的实际水平和因材施教的原则。根据身体素质差异分出不同层次,不同层次的分层教学可以调动学生学习的积极性与主动性,培养学生锻炼身体的意识,对学生身体素质与自信心都有所提高。

1. 分层次教学针对性较强

学生在高中学习期间,由于学校对体育课不重视,主要是为了加强学习知识,复习功课,为使学生考上理想的大学,往往把体育课减之又减,甚至有些学校采取取消体育课的做法。其次由于高中期间学校不重视体育的同时,对体育器材的购置严重缺乏,场地资源不够,体育经费少,体育师资力量缺乏;学生对体育的认识不够等诸多因素。然而在这种基本条件下,学生进入高校,可以选择自己喜爱的体育运动项目。运用分层次教学,更能激发学习体育的积极性,调动他们学习体育的热情。

2. 分层次教学能满足学生学习的需要

分层次教学以"因材施教"为原则,对不同层次学生采用不同教学方法、教学内容与教学手段,使学生在不同层次中都能体验成功的乐趣,得到个性化的发展,提高心理素质,以此来满足学生对知识的需要。

3. 分层次教学成绩明显提高

分层次教学经过一个学期的全面实践,学生普遍认为自己学有所获,学有所得。能享受体育给他们带来的快乐与成功感,增强体育锻炼的意识,有了更深层次地对体育认知的理解,使学生自身的基本技术动作从原点都得到提升。

4. 分层次教学有助于师资的提高

分层次教学要求教师有较强的理论基础与过硬的技术动作。要求教师加强对教材研究,要横向与纵向相结合,更要了解前沿领域,以及最科学的相关资料、影视影像等,以此来提高教师的理论知识与动作技术。体育教师要有控制、驾驭课堂的能力,合理科学的安排好每一节课的教学内容,采取不同的教学手段,上好每一堂体育课。教师要与时俱进,真正提高自己的综合素质,以适应现代化的教学。

5.分层次教学能加强培养终身体育意识与行为

分层次教学划分不同层次教学,在层次中设计相应的教学环境,学生在这种环境中得到了锻炼,加深对体育锻炼的认识,培养其个性、创新、拓展的能力,提高意志品质,团结协作、努力拼搏、积极进取、不甘落后,养成自觉锻炼身体,为培养"终身体育""快乐体育"奠定基础。

四、分层次教学的理论依据

(一)分层次教学心理的依据

人在发展过程中客观存在着个性差异,由于个性差异形成的因素非常复杂,故而在学习认知、认识能力等方面必然存在着个体差异。他们接受知识的能力水平也不相同,因此,我们对不同能力的学生应该区别对待,因材施教。学生在学习的过程中,适度的焦虑有助于学生成绩的提高,但过量的焦虑有可能导致学习成绩下降,影响其身心发展和学习效果。教学模式的创新要努力使学生在适度焦虑的环境中学习和生活。自主分层教学模式的创新为学生营造一个良好的学习环境与氛围,更好地为学生在焦虑中生活与学习,在学习中获得成功与自信,培养学生的学习品性。

(二)分层次教学的教育学依据

教育学明确要求,教学过程中必须遵循因材施教的原则,要求教师教学必须从学生的实际情况和个性出发,力求使学生的潜能得到开发,获得最佳的发展。由于学生存在着个体差异,因而在教学过程中实施目标分层、教学分层,这符合"因材施教"的原则。同时提倡学习的自主性、探索性和合作性,要求教师在教学过程中进行"教"与"学"的转化,从而帮助学生学会学习。提高学生学习的积极性,培养其思想意志品质与竞争意识,达到思想上的真正解放。

(三)普通高校体育选项课的理论依据

1."素质教育"的指导思想

普通高校体育选项课涉及学生面比较广泛,要注重每个学生学习的积极性、爱好、心理情绪,发挥主观能动性,提高学生身体素质,为和谐校园、和谐社会的发展作出贡献。

2."终身体育"的指导思想

终身体育思想是终身教育思想在体育领域中的延伸,终身体育思想要求保持始终如一的锻炼习惯,促进对体育意识的升华,增强终身体育锻炼的思想。

(四)普通高校推行体育选项课的理论依据

分层次教学是教师考虑每位学生的身体差异,利用教学原则中区别对待的方式进行教学,促使每一位学生都能够得到最优的发展。

1.分层教学符合教学阶段目标性

在体育课分层次教学中不同层次的学生,因身体差异、运动能力、接受知识具体体现出来的能力是不同的;同时反映出来的差异不只是力量上的,质量上的差异也比较明显。在体育课教学中,应当完全考虑与重视这一因素的重要性,在授课过程中要想使学生的能力真正得到发展,就应该设计某种环境与注意每个阶段的变化情况。在不同的教学阶段,教师应该对学生所掌握的技术水平有所了解,采取不同的教学方法与教学要求。对不同层次的学生来说,运动技术水平的标准也不同,要想达到标准,应该有不同的方法来实现。

2.素质教育在体育分层次中的特性

素质教育是新的历史发展时期的必然要求,在体育教学中做到素质教育,能更好地培养学生全面性的发展。素质教育在学生全体性的表现,是面向全体学生中的每个学生的体育理论知识、运动技术水平等方面。分层次教学中根据教学大纲、教材的内容,在教学中对不同层次学生的技能、理解知识的能力都提出不同的要求,针对这些要求设计不同层次的教学目标,同时给予帮助与指导。进而使不同层次的学生根据自身的起点选择不同的练习方法、运动负荷、理论知识,真正让学生体会成功的乐趣,知道学有所得、学有所获。充分体现出素质教育在体育分层次上的特性。

3.分层次应有"最近发展区",符合因材施教

应掌握好教学难度,把学生的精神力量与学生学习积极性调动起来。根据教学大纲与教材的要求,根据自己的实际水平,可自己选择练习手段,通过课后找相关辅助教材进行预习,能达到分层的教学目标,因人而异,因材施教。体现出"最近发展区"的特点,让每个学生得到成功的喜悦,以此来满足学生的需要。

五、分层次教学目标的制定

在制定分层次教学目标时,应该考虑总体目标的制定,教师根据在同一个班学生体质的差异性以及运动能力的高低,因材施教,针对不同层次的学生来设计相应的教学内容、教学方法、教学要求等各种情况,具体来规划制定目标。促进不同层次学生对体育产生浓厚的积极性,技术、战术等运动能力都得到很好的提高,从中感受到体育给他们带来成功的喜悦。为了突出分层次教学中的层次感,即每节课教材规定内容的目标都应该达到要求,但教材内容的深度、广度、教学进程、理解知识的层次、各种练习的设计、教师的指导与帮助都应该视情况而定。在体育教学中,根据学生的身体差异、运动技术水平的高低、体育素质及个体心理素质等方面的因素,以及体育的合格标准和体育达标成绩的依据来划分层次,打破传统的教学模式,将学生划分三个层次(即初级、中级、高级),进而设计不同层次的体育教学目标。A层:用高标准严格要求,提出高要求,满足他们对学习的强烈愿望,进一步提高运动水平。B层:激发学生学习的积极性,变被动学习为主动学习,基本完成教学任务。C层:降低要求与难度,基本能完成练习。

在体育教学中,各个层次的学生并不是一成不变的,为了鼓励学生积

极锻炼,努力向上,在教学中引入竞争机制。在一定时间内适当调整层次,把进步快、能力有提高的学生升入高一层次,对后退的学生降低一个层次。这样,激励学生有竞争意识,力争上游,不甘落后,努力学习,既控制了课堂的教学气氛,又调动学生学习的积极性和主动性,有效地促进了学生身体素质和思想品质的提高。

分层次目标具体促使学生的教学目的有几个方面。

让学生知道健康的标准;有健康的体魄才能更好地学习和工作,毕竟身体是革命的本钱。好比健康是"1",工作和学习是"0",如果"1"都没有了,哪里还有"0"啊,使学生真正意义上了解体育是锻炼身体的唯一标准,从思想上重视体育、重视身体的健康。让学生知道如何能更好地去锻炼身体,让他们掌握锻炼身体的方法与手段,不只是单一的、机械地去教体育运动技术和理论知识,从而使学生认识到终身体育的价值,达到终身锻炼身体的目的。让学生在体育教学中感受到其中的乐趣;体育教学使学生享受体育带来的快乐与兴趣,使其对体育产生浓厚的兴趣,热爱体育,喜爱体育中的一个项目。

让学生知道在体育教学中,要在思想上加强意识;要有竞争意识,有拼搏奋斗,不甘落后的精神;提高心理素质、意志品质,促进交往能力的提高,要对和谐校园、和谐社会的创建起到很大促进作用,为"终身体育"与"快乐体育"奠定基础。

六、分层次教学目标的设计

为达到体育教学目标,分层次教学的顺利进行与开展,重要的是在课堂授课中练习的设计,练习的难度低了,会使学习好的学生感到无味、枯燥、无可学之处,就没有了学习的动力与积极性;练习的难度提高了,学习差的就感到很吃力,既完成不了基本的教学任务,同时又打击了学生学习的积极性,产生厌学的心理倾向,感受不到成功的喜悦。为了避免让学习好的学生"吃不饱"与学习差的学生"吃不了"的现象发生,就得要求在体育教学中要结合教材的内容和各层次学生实际情况出发,设计出不同层次的教学目标、教学方法和教学内容。因此,体育教学过程中要很好地利用上课时间与空间,对身体素质好及技术水平高的学生要充分挖掘他们的潜能,从而真正意义上提高身体素质;对身体素质差、技术水平一般的同学要关心他们,并给予一定的指导与帮助,要重新给予技术示范与理论讲解,老师要有耐心与责任心,陪同学生一起练习,在练习中帮助与纠正其错误的技术动作。教师要及时发现情绪低落、心理素质不好的学生,给予他们言语与感情上的沟通与心理辅导,使每位学生都能感受到体育给他们带来成功的喜悦。

在教学过程中,根据因人而异、因材施教的原则,可以将教学目标划分为三个层次。

第一,高级层:对大纲教学内容有所提高,进一步拓宽视野,对运动技术内涵的加深与理解,努力提高运动技术水平,能深刻地理解运动技术,动作标准、连贯、协调,不断地提高学生的身体素质,培养其能力。

第二,中级层:掌握教学大纲所要求的基本内容,掌握基本理论知识。

第三,初级层:初步掌握所学的运动技术,能理解动作要领。

除此之外,进行分组练习时要注意女生身体素质不如男生,所要求的难度与运动量都应根据其身体素质减量,同时体育教师授课之后,应该主动到练习场地巡视,纠正与帮助学生改正错误的技术动作。这样,各层次之间都有相应的教学内容和方法,各层次间的学生都能从中得到所学的知识,充分调动学生积极性与主观能动性,真正意义上使学生感受到体育带给他们的快乐。

教学方法就是教师组织课堂教学活动的方法。教学目标的实现,要依靠一定的教学方法。问题是如何在分层次教学中针对学生的身体差异、个性特征及认知的程度不同,运用不同的教学方法,制定科学合理的教学目的,以此来教学。

(一)体育教师要认真进行教学研究,认真进行"三备"

"三备"即备教材、备内容、备学生。仔细研究教材,分析学生的个体差异、身体素质、个性心理等因素,针对不同的学生,确定不同的教学内容,提出不同层次的教学要求、教学内容与方法,要因材施教,区别对待,采用灵活多变、行之有效的方法进行教学。在教学中,学生是课堂的主体,教师是课堂的主导者,教师充分调动学生积极练习,并促使学生能有一定的创新性与开拓性。教师帮助学生努力完成教学任务,使不同层次之间的学生都能理解所学的知识与运动技能,在原有的技术上有所提高。

(二)体育教师在教学中运用教学手段

体育教师在传授运动技能的过程中,由于学生对运动技术的理解存在着一定的差异,因此在传授运动技术过程时,事先要了解各层次学生掌握运动技术水平的情况,针对该情况采用不同的教学方法、内容和手段。如在力量、速度、耐力、协调性等方面,根据不同层次的学生采取不同的要求,从而确定各层次的教学目标,比较贴切实际地根据学生水平相接近并且这些学生大致有相同的心理特征,重新组合。学生在练习中能完全展现出练习的积极性,由"被动学"转变为"主动学"。如果所选层次能够成功的实施则学生可以自主、任意选择高一层次的运动技能来学习,实行灵活而有弹性的选择,能深深地激发学生锻炼身体的热情,促进教学质量的提高。

(三)体育教师在教学中要激发学生的竞争意识及团队合作精神

在体育分层教学过程中,根据各层次之间的学生生理、心理、思想意识等因素,通过教学比赛手段培养学生的意志品质,激发学生的竞争意识、团结意识、拼搏进取的精神、提高对教学环境的适应能力和自我心理控制的能力。在群体教学活动中,培养学生相互团结、互相竞争、相互理解的精神,促进学生在学习运动技术时没有畏惧感、没有思想包袱、没有自卑感,使学生感受到体育有趣,是一门轻松的课程。只要很好地、科学地将分层次融入教学中,会使体育教学质量与教学效果都有所提高。

(四)解决对学生的学法指导与帮助

先天身体素质、运动能力基础差的学生,应以模仿为主,主要模仿体育教师与基础好的学生技术动作,通过模仿、教师指导、课后咨询基础好的学生,从而达到自己的学习目标。而学习基础好的同学,要与教师了解更深层次的知识,了解难度较大的运动技术,自己课后通过查询相关影像与资料,学习并创新知识,进行纵向与横向的联系分析,形成网络知识结构,从深度与广度上进行拓展。

(五)及时处理教学信息的反馈

在体育教学中,教师通过课堂的询问,以及平时对学生的理论知识与运动技术的测验,了解学生近期的学习状况,根据这些情况,要及时调整教学内容,有针对性地进行教学,特别要对基础差的同学进行知识的缺陷补漏与矫正技术动作,长善救失,亡羊补牢。

七、分层次教学的评价

分层次教学评价与正常的教学评价有所不同,为了使所有学生都能达到一定的教学目标,在教学评价时要考虑各层学生的学习情况,做到对各层学生的评价。为了鼓励与加强学生在平时课堂上的学习与练习,不以期末的理论考核与技术动作评定为最终考核结果,要以平时考核与期末最终考核来评定每个学生的成绩,同时与各层学生在不同程度上的进步与提高相结合的原则为标准。采用统一的考核标准,势必会挫伤那些因身体素质的原因影响运动技术的学生积极性。以此来满足学生的心理平衡,体现出公平合理性与真实性,符合分层次考核的标准。不要采用以往的考核标准,过于单一化,不够合理,不够公平,那种"一刀切"的方式在分层次教学评价体系中是不可行的。在评价时要改革技术动作的评定的标准,量化的标准也随之要改变,不是古板、一成不变的。为此,采用新的考核标准,力求体现出分层次教学的特色,对各层学生的考核标准给予不同的要求来评定,做到有针对性的、合理性的评价不同层次的学生学习与进步。高层次的学生要适当加大考核难度,而低层次学生势必要降低考核难度;鼓励与激发学生要把技术动作做得比较完美,量化的标准也更要准确、无误。低层次的学生要求把技术动作基本完成就可以,量化的标准也相对降低要求,并结合平时的课堂测验以及表现的积极性来确定考核的最终成绩。

这样,让各层次的学生都能切身体会到经过自己的努力而取得的成绩,成绩获得的同时也感受到体育带来的乐趣与喜悦,体会到成功的价值,使学生明白只有通过体育锻炼才能有健康的体魄。加强体育锻炼,可以促进学生身心健康、增强信心、锻炼意志品质、人际交往等方面的提高,为和谐校园、和谐社会奠定一定的基础。

八、分层次教学的效果

经过对教材的了解、教学目标、教学方法和教学内容的改进,教学内容的重点、难点的掌握,了解学生的身体差异、个性特征及心理需求,通过分层次教学制定相应的要求,对教学做出合理、科学性的评价,使得分层次教学有显著效果。在教学课堂上做到调动学生学习的积极性和主动性,有效地促进了学生身体素质和思想品质的提高,活跃了课堂的教学气氛,从而全面提高学生的身体素质与运动技术水平。

(一)学生身体素质得到提高

分层次教学尊重学生身体差异,从实际出发,因材施教,把学生学习体育的积极性与主动性调动起来,让学生明白在课堂上加强身体的锻炼,才能提高自己的身体素质。

(二)学生运动技能得到提高

分层次教学是面向全体学生进行因材施教,使所有的学生都积极参与课堂学习的全过程,使各层学生练习时都有自信,敢于做技术动作,表现欲极强。各层学生都感受到成功,感受到其中的乐趣,享受体育给他们带来的快乐。各层学生在所要求的标准而能熟练运用技术动作与完全掌握的同时,还可以自主选择高一层次的学习,充分发挥学生的创新性与开拓性;实行了灵活而有弹性的选择制,能深深地激发学生锻炼身体的热情,促进运动技能的提高。

(三)教师业务水平得到提高

分层次教学是教师对教材的深入研究,熟悉教材,对教学大纲与教学目的以及对学生充分了解。在进行教学时,要对自己的教案设计有一个详细、科学、明确的要求。不仅要对教案熟悉的程度高,还要对每个所教学生的个体差异、个性特征、心理需求都应熟悉与了解,这就要求教师要花费很大的精力去备课,这本身就可以提升教师的业务水平。只有不断地创新、拓展新的领域,才能应对学生在学习时暴露出来的问题,予以解决。教师是课堂上的主导,也是核心,因此教师必须有一个科学的、周密的教案,才能上好每一堂课,教好每一个学生。所以教师的业务水平在经过一系列的工作之后,必然能够得到提高。

第四章 羽毛球专项身体素质训练

羽毛球专项身体素质是指由专项本身的动作以及与专项运动特点和结构相似的动作所组成的一系列练习。它以提高运动员专项运动所需要的各器官系统机能,发展专项运动素质,最大限度地提高专项水平和专项运动成绩为目的。

第一节 羽毛球运动发展趋势对身体素质的影响与要求

羽毛球运动的发展现状,集中体现了当今人类体能与技能的一系列变化,反映了当今科学技术的发展和社会进步的成果。

一、身体条件和体质的发展变化对身体素质的影响与要求

随着生活水平的不断提高,人们的身体条件和基础体质普遍比过去明显增强。我们从羽毛球选手身高数据中就能看出这一变化:女子选手的平均身高由20世纪的1.65米提高至1.72米,男子选手的平均身高也由过去的1.75米提高至1.85米。基础身体条件和体质的变化使选手在身高、速度、力量、耐力等方面均有长足的进步;训练水平的提高,承受训练强度的能力发展了,因此提升了现代羽毛球运动的对抗竞技强度。

高水平的训练可以促使选手身体素质的提高,选手身体素质的提高又促使运动能力的增强,刺激选手间的竞争,选手需要不断地打破现有平衡,向身体的更高极限挑战,才能从众多选手中脱颖而出,获得更好的专

项运动成绩。

二、运动器械和场地设施的发展变化对身体素质的影响与要求

科学技术的进步和新型材料的应用,使羽毛球运动的核心器具——羽毛球拍,在过去几十年中发生了"革命性"的变化。竹框竹杆拍被木框铁杆拍取代,铝合金拍诞生不久即被碳素纤维拍替代,钛合金合成纤维球拍又以其重量小、强度大、耐性高等特点成为今天羽毛球选手的首选。球拍材质不断革新的同时,拍弦也发生了根本性变化:羊肠、牛筋甚至尼龙弦的强度和拉力均无法与金属拍框相匹配。新型合成纤维球拍弦集弦细、张力强、弹性好和抗磨损于一身,有"一发拨千钧"之功。科学实验表明,在人体技术力量的作用下,球拍可将羽毛球击出近300千米/时的最高时速,居拍类运动项目之首。选手要想在比赛中获胜,必须使身体素质水平适应和跟上现代器材的发展,才能保持运动的"和谐"。

20世纪七八十年代的羽毛球比赛,由于体育场馆少,大众羽毛球比赛多在室外的水泥地上进行,只有专业水平的全国比赛,才有条件在室内体育馆的木板地上进行。由于地面硬而滑,加之运动球鞋底薄,没有防滑措施,选手在场上快速奔跑移动中经常无法"刹住车",使移动速度下降,严重影响选手技术水平的发挥,对体能素质的要求也不突出。当今,科学技术和经济发展带动运动器材和场地设施也迅速发展,高档羽毛球场馆里,木质地板已被塑胶地面取代(即在木地板上再铺垫上一层特殊PVC材料制成的塑胶),这种场地面料的革新,不但增加了场地的柔软性和弹性,而且由于摩擦力度加大,运动场地滑的现象得以改善。加之运动鞋由单纯橡胶材质薄底改为牛津材质的气垫底,弹力增强,选手们在先进运动设施和器材的帮助下,不但动作发挥流畅自如,而且速度加快,弹跳力增强,竞争回合增多,对抗加强,从而使竞技水平得到提高。反过来这一系列的发展与变化,对选手体能素质也相应提出了更高的要求。因为塑胶地面需要作用更大的力来克服摩擦力,气垫球鞋也同样需要作用更大的

力来获得反弹力。因此,对身体素质能力的要求不断地提高,以保证身体承受更大的运动负荷。

三、科学技术手段与科学化训练的发展变化对身体素质的影响与要求

科学技术的进步为竞技训练提供了坚实的后备保障。训练科学化程度的提高、训练手段的更新,促使选手们在训练中不断挖掘运动潜力,以满足竞技运动水平不断提高的需要。以摄像机为例,过去训练中很少出现,只在科研所里运用于科学研究,没有普及和运用到训练和教学中。因此,过去的训练多以经验指导训练为主,很少参照科学数据。如今,科研工作者广泛介入训练实践,体育运动中借助先进电子设备帮助选手分析复杂的技、战术,从而提高运动技能的现象已很普遍。与此同时,广大教练员和运动员科学文化知识提高,教练员拥有大专以上文凭的比率较以往大幅度提高。文化素质的提高使运动者整体综合素质较以往有很大的提高。加之科研手段的介入,设备和仪器的不断发展,训练方法也不断地获得更新和发展,对运动竞技训练的发展与提高起到了很好的促进作用。在科学技术手段的监控下,训练方法更加符合人体结构特点,训练负荷更加讲求科学性,训练效率高,效果好,选手的潜能被不断地挖掘,竞技水平不断地提高,运动寿命也得以延长。

四、技、战术的发展变化对身体素质的影响与要求

科学技术的发展,促使羽毛球选手的运动技能高速发展。过去一些不可能运用的技、战术,现在普遍出现在赛场上,表现出选手控球能力加强,击球力量越来越大,击球速度越来越快,击球落点越来越刁钻,击球变化也越来越多;技、战术水平提高,选手间差距在缩小,技、战术和心理对抗程度增大,竞争加剧,对选手身体素质能力也提出越来越高的要求。优秀选手不但要具备娴熟、全面的技术,灵活、快速、多变的战术,而且更要有良好的身体素质作保证,才能在紧张、激烈的比赛中,保证高超技、战术

水平的发挥。

综上所述,羽毛球运动中身体素质对运动员比赛成绩的影响力占有越来越重要的位置。竞赛双方除了个人技术、战术和心理素质能力的较量外,在很大程度上是身体素质能力的较量。身体素质作为决定选手成败的四大因素之一,直接影响着技术与战术的运用、心理的承受,从而决定比赛最后的胜负。因此,掌握羽毛球运动的规律并不断地提高技术和战术水平,必须努力将提高身体素质能力同发展技、战术和心理素质能力放在同样重要的位置上,这样才能适应新时期高水准技术发展的需要。

第二节 身体素质在羽毛球运动中的作用和意义

一、身体素质是选手承担激烈比赛与训练的基础

羽毛球运动快速、灵活、对抗激烈、变化多端等特点,决定了选手良好的身体素质是承担激烈比赛和大负荷训练的基础。运动项目特点不同,对选手身体素质能力要求也不同。羽毛球运动速度快,竞争激烈,选手控制场地面积大,训练和比赛的负荷也很大。单打场地长 13.4 米,宽 5.18 米,由后场至前场的直线距离就达 6 米多,由左边线至右边线的距离为 5 米多,一名选手实际控制的区域为 30 多平方米。据统计,在一场历时两个小时的高水平羽毛球比赛中,选手必须在攻与守、控制与反控制对抗中,忽左忽右、忽前忽后地完成各种急停、起动、移动、跨跳、挥臂击球等快速动作千余次。选手在运动中速度的快慢,力量的大小,耐力、灵敏等素质的好坏,都直接影响着运动成绩的优劣。双方选手在长时间内快速、多变、大负荷的对抗,对身体素质能力要求极高。

因此,体力一直是影响羽毛球选手临场技、战术水平发挥的重要因素。比赛开始,由于体能状况良好,通常能保持一定的速度,正常发挥技、

战术水平。随着比赛激烈程度的不断加剧,选手体力消耗加大,尤其是到比赛争夺最激烈的时刻,通常因体力不支选手会表现出技术动作变形、主动失误增多、速度明显减慢、受制于对方等现象,从而导致比赛失利。体力问题一直是羽毛球竞赛中普遍存在的问题,体能素质训练是一切训练的基础。

二、身体素质是提高技、战术水平的基础

身体素质能力是提高、发挥和保持竞技能力的先决条件。羽毛球技、战术水平的高低与身体素质能力的强弱有着密切的关系,选手身体素质能力强,有利于掌握复杂、先进的技、战术。相反,选手的身体素质能力弱,即使具备一定的技、战术能力,而其发展到一定水平后也会受到体能素质的局限,不能充分施展娴熟的技、战术。实践经验表明,技、战术水平与专项身体素质水平是成正比的,技、战术水平高的选手,通常也具备相应的专项身体素质能力。专项身体素质能力越好,越能促进技、战术的提高。相反,如果上下肢不协调、灵活性差,肌肉力量弱,缺乏爆发力,判断反应慢,就很难掌握先进、高超的技、战术。

三、身体素质对防范运动损伤和延长运动寿命的积极作用和意义

羽毛球运动项目的特点,决定了选手机体在训练和比赛中要承担极大的运动负荷。通常身体在负荷后出现疲劳,其薄弱部位就容易受到损伤,从而影响运动寿命。加强身体素质训练,提高身体素质水平,增强抗疲劳能力,就能减少和防范运动损伤的发生。

身体素质的提高是靠机体形态改变和机能提高来实现的,选手在训练过程中承受负荷越大,身体素质训练水平越高,身体结构改变就越深刻,身体突破极限程度也越大。选手身体素质越强,运动机能水平也就越高,保持专项技、战术运动能力的时间也就越长。加强抗疲劳程度,能有效地避免和减少运动性损伤的发生。

四、身体素质训练是培养选手顽强意志力的重要途径

身体素质训练是向极限挑战的过程,也是一个异常艰苦的过程。一方面训练负荷大,需要有极强的毅力来战胜自我,克服身体的惰性,经受运动极限的冲击;另一方面身体训练往往比较单调、枯燥无味,与其他训练相比,选手往往会有"畏惧"心理。因此,身体素质训练是锻炼和增强选手意志力的一种重要手段,通过艰苦训练,增强和提高各项运动素质,同时还能培养选手在训练和比赛场上不怕苦、不怕累、勇猛顽强、百折不挠、迎难而上的意志品质。

五、良好的身体素质是选手树立胜利信心的重要保证

由于训练方法、手段的不断进步和完善,选手身体素质水平逐渐提高,技、战术越来越完善,对抗速度也越来越快,促使现代羽毛球运动竞技水平向着越来越高的方向发展。高水平选手的技、战术全面,几乎没有明显的弱点,竞赛中仅靠一两拍就轻易击破对手防线的情形已经不存在,每一分球的争夺都非常艰苦。如果选手没有良好的身体素质作保障,体力跟不上竞技的需要,在场上经不住多拍的调动与抗争,就会因体力不支而失去与对手周旋和对抗的信心,产生急躁情绪,主动失误增多,出现不攻自破的局面。如果训练有素,有充足的体能保障,就有耐心、有决心、有能力与对手周旋到底。

第三节 身体素质训练的基本原则

一、科学性原则

科学训练对培养选手取得成功至关重要。训练方法合乎科学规律,运动竞技能力就能迅速地提高,成才率就高;训练缺乏科学性,运动竞技能力便会提高缓慢,成才率就低。科学地安排身体素质训练,至少要处理

好以下两方面的关系。

一是身体训练与身体素质发展敏感期的关系。掌握和遵循身体素质发展敏感期规律，是身体素质训练取得良好效果的重要保证。力量、速度、耐力、灵敏和协调等身体素质都有其发展的敏感时期，训练内容要围绕各种素质发展的最佳时期，有目的、有重点地安排。如少年儿童的身体素质训练，重点是发展柔韧性、协调性、灵敏和速度素质，应避免大力量和高强度的耐力素质训练。青少年时期的身体素质训练，可重点发展力量和耐力。根据身体训练和身体素质发展敏感期的基本规律，科学地选择训练方法、训练手段，有针对性地为不同选手安排不同时期和不同训练层次的身体素质训练，会使训练更具科学性、逻辑性、针对性和实用性，利于收到良好的训练效果。

二是身体训练与负荷的关系。科学合理地安排运动负荷，是提高运动水平的重要因素。运动负荷指人体在训练和比赛中所承受的生理负荷量，它由运动强度、时间和数量等关联因素组成，并受动作质量的影响。运动中动作质量好，负荷就高；动作质量不好，运动负荷就会受到影响。负荷大的训练，机体反应强烈，"刺激痕迹"深刻，超量恢复也就更加明显，人体机能水平提高得就越显著。

根据人体机能提高呈波浪形上升的运动规律，身体素质训练中的运动负荷量要循序渐进地加大，经过一段时间的巩固，待身体适应了此种负荷量后，再逐步加大。具体负荷量的安排应大、中、小合理交替进行。衡量负荷量的适宜标准是身体在一定的疲劳情况下，仍然处于适度的兴奋状态，从而不断地提高和扩大工作的能力。在一般训练期，身体素质训练采用数量多、强度小的形式进行。而在比赛期，则采用练习时间短、数量少、强度大的形式。

二、长期性原则

羽毛球选手身体素质能力的训练和培养是一个长期的系统过程，贯穿训练的始终。可以这样说，只要有训练，就一定有身体素质的训练。优异的运动成绩,是选手多年从事不间断的、长期的系统训练,随着身体素质的提高和技术动作的完善而获得的。如果违背这一原则,就不可能获得高竞技水平。因此,从全面身体素质的基础训练开始,就应有长期的、全面的、系统的、不间断的、循序渐进的训练思想。在这一训练思想指导下,在练习初始阶段,选手身体素质基础较弱,机体承受能力较差,身体素质训练必须由浅入深、由易到难、由简到繁地进行。训练负荷量也应由小到大、由轻到重地合理安排。高级训练阶段,经过多年的严格训练,选手的机体已产生适应性的变化,能承受专门化训练时,则可大力加强专项身体素质能力的培养训练。进入尖端训练阶段,随着选手训练年限的增长,应注意加强保护性的身体素质训练内容。

三、因人而异原则

因人而异原则指在身体素质训练中依据每位选手的具体情况来确立训练任务、选择训练内容。合理运用因人而异的原则,对提高教学训练质量有着重要意义。无论是在一个班、一个队还是一个群体里,每位选手都具有不同的特点,如年龄、个性、特长、训练水平、原始身体条件和成长环境的不同等,教学训练的任务、要求、内容、负荷量和训练方法手段的选择,都应注意针对选手的不同特点,遵循因人而异的教学训练原则,加以区别对待。随着训练年限的增加、训练客观因素的变化,教学训练的任务、要求、内容、负荷量和训练方法手段等也要注意相应地调整和改变。要求训练指导者应了解、分析并研究选手的个体差异,制订训练计划时既要考虑整体的统一要求,又要考虑个人的不同特点和不同要求,做到因材施教,区别对待。这样拟订的训练任务、指标,安排的训练内容和方法才会更加切合实际,也才能收到更好的教学训练效果。

四、全面性和专门性相结合原则

全面性身体素质训练是指运用各种身体练习的方法和手段,使选手身体各器官的机能得到普遍提高、身体形态得到全面改善、身体素质能力得到全面发展,为日后提高羽毛球专项运动技能打下了坚实基础。专项身体素质训练指在身体素质训练的手段和方法上,采用与羽毛球运动特点及技术动作相同的方式,辅以专门的辅助练习,发展羽毛球运动所需的专项身体素质能力。

训练中,科学地安排一般和专项身体素质训练时要视选手的实际状况、年龄的大小以及训练水准的高低而定。人体各器官、系统的活动是相互联系、相互制约的,当各器官、系统机能都相应得到提高时,有机体的工作能力和承受负荷能力才能得到全面的提高。然而,当技术水平提高到一定的程度时,通常其他素质又会出现相应的不足,或是机体内各器官再次出现不协调,从而使技术水平出现暂时的停滞现象。这时专项身体素质训练应在全面身体素质训练的基础上,两者紧密地结合,通过加强专项身体素质的训练,再次加大负荷刺激,打破机体旧的平衡状况,建立新的平衡体系,促使运动技术水平达到新的高度。

由于选手的训练时限和训练水平不同,全面与专项身体素质训练的内容和比例也应有所区别。选手训练的初级阶段,还没有接受正规严格地训练,身体素质能力较薄弱,因此这一阶段应重视全面身体素质的发展,为将来打好基础。如果在这一阶段的教学训练,过分地强调专项身体素质能力的训练与提高,则会使选手的局部肌肉负荷过重,出现疲劳,导致损伤。原则上讲,训练水平较低、年龄较小的选手,全面身体素质训练应多一些,以发展全面身体素质能力为主,发展专项身体素质能力为辅,重点是打好身体素质全面基础。对于训练程度高、年龄相对较大的选手,专项身体素质训练的比例应相对大一些,同时全面身体训练也不可停止或忽略。

专项身体素质训练应结合羽毛球运动项目的特点,明确训练的目的,并根据不同的年龄特点,调整好训练内容及手段。在练习过程中,不仅在动作结构和动作发力上要与专项运动特点的实际需要紧密地结合起来,而且在思想上、心理上和作风上也要有实战的要求,特别是下肢练习是整个专项素质训练的关键。羽毛球运动的五大步法,在专项身体素质练习中，一定要掌握并正确地运用,要求队员在练习时,正确地了解每种步法的结构、重心的交换、步法之间连接的基本要求,并正确地理解垫、并、跨、蹬、跳之间的相互关系,这样才能在练习中正确地加以运用,否则只是学会了这五大步法,而没有理解步法之间的关系和连接要求,在场上的移动中仍然会发生移动慢、乱跑动、移动不到位等现象,从而影响运动技术水平的提高和发展。

第五章 羽毛球专项技术指标及评价

第一节 专项力量素质训练的指标及评价

力量素质作为羽毛球运动中最为核心的素质,支撑了羽毛球运动中近乎所有的技术动作。受制于羽毛球运动的特点及规则,羽毛球专项力量素质是一种复杂的、随技术与战术更新而不断发展的、符合客观自然规律并可获得成果的综合性素质。本章的重点在于界定羽毛球运动的专项力量素质概念,根据前沿的学术成果与相关专家的建议,选取羽毛球专项力量素质的评价指标,从而建立起一套羽毛球专项力量素质的指标体系。

一、羽毛球专项力量素质概念

(一)力量素质的概念

"力量"作为一个常用的汉语词汇,有"力气""能力""作用""效力""能够发挥作用的人或集体"等释义。在羽毛球运动领域我们用到最多的当属"力气"这一释义。通俗地说,我们形容一个运动员有没有力量,或者力量素质怎么样,都可以称其有没有"劲儿"。当然,衡量一个运动员的力量素质要依据不同的技术动作,从其手部力量、腿部力量、核心力量等多方面进行考量,但也不可因此忽视"力量"的直观现象。

人体所有运动几乎都是对抗阻力而产生的,所以力量是决定成绩的主要因素。力量与其他身体素质有着密切的联系,力量不仅是掌握、提高运动技术的基础,也是其他素质的基础。上肢力量、下肢力量、腰腹力量、手腕与手指力量素质的好坏,在很大程度上决定了一个羽毛球运动员的发展前景。所以,发展羽毛球运动员的专项素质,首先要发展力量素质。

1.最大力量

最大力量指的是运动员在运动过程中发挥出最大潜能、克服最大程度阻力所达到的力量,是肌肉在最大随意收缩抵抗无法克服阻力过程中所表现出的最大力值。

2.速度力量

速度力量指的是运动员在克服阻力时产生加速度的能力,是肌肉尽快和尽可能发挥出的能力,是速度素质与力量素质的综合表现,主要表现为运动员的爆发力。公式表示为:速度力量=可能达到的最大速度/达到该速度所花费的时间。

3.力量耐衡

力量耐力中的"耐"与下文提到的耐衡素质有着异曲同工之处,指的是运动员克服一定强度阻力所能坚持的时间。

4.爆发力

爆发力是速度力量的一种特殊形式,是人体在极短的时间内,以最大加速度克服阻力的能力或以最大加速度完成一个技术动作的能力。

(二)羽毛球专项力量素质的概念

羽毛球专项力量素质是基于羽毛球运动实践的一种有意识的、结合客观自然规律的、随环境变化并可获得成果的社会活动。首先,我们需要明晰什么是专项力量;其次,我们需要根据前文提到的羽毛球运动的特殊性,去界定羽毛球专项力量素质的概念。

1.羽毛球专项肢体力量

为区别专项力量,我们首先需要明确一般力量的概念。与其他运动项目相同,羽毛球运动作为全方位调动身体的运动项目,也需要运动员运用到上肢力量、下肢力量、核心力量等肢体力量。

(1)羽毛球专项上肢力量

上肢力量主要是发自手腕、小臂(前臂)、大臂(上臂)、肩部等部位的肌肉力量。主要分为三类:一是起固定、支撑、稳固作用的上肢动作力量;二是起平衡作用的上肢动作力量;三是起完成最终击球动作的上肢动作力量。上肢力量的大小直接影响击球的质量,也是动作力量最直观的表现。上肢力量越发达的运动员击球力量越大,越能使对手没有充分的时间判断来球,即使对手判断正确,也可能没有足够的时间移动步法,从而造成回球失误。

(2)羽毛球专项下肢力量

下肢力量主要是发自髋部(骨盆部)、腿部(大、小腿)、足部(足部辅具)等部位的肌肉力量。主要分为四类:一是起支撑、固定、稳固作用的下肢动作力量;二是起平衡作用的下肢动作力量;三是作用于"外界"的下肢动作力量;四是起位移作用的下肢动作力量。下肢力量训练也是很多初学者和业余选手最容易忽视的训练项目。由于羽毛球运动对步法有很高的要求,需要运动员在最短的时间内完成多种步法,甚至是多种步法的组合。如果下肢肌肉发力不足,不该发力的肌肉(对抗肌)却又过多地参与发力,即会引起步法僵硬、移动笨拙、速度缓慢等问题。而想要提升步法水平,必须加强科学的步法训练,而下肢力量训练则是完成步法的基础。

(3)羽毛球专项核心力量

当前学术界对于核心力量的定义尚未达成共识,但随着近年来相关领域研究的开展,相关学者对不同的观点进行考量和整合后达成了一个相对均衡的定义,即核心力量是在人体运动过程中起到力量整合、传递,维持身体相对平衡、稳定,促进四肢协调发力作用,使人体在运动中保持正确的身体姿势,合理有序地完成技术动作的能力。

羽毛球专项素质中的力量素质在一定意义上决定、影响、制约着其他技术要素。例如,只有力量大的击球才能使击球速度加快(决定、影响速度素质);只有力量大的击球才能使击球的弧线平直。既然是专项力量,那么必然是建立在羽毛球技、战术与相关规则的基础上的力量素质,因此我们可以根据"判断力量""动作力量""位移力量"三部分并结合相关技术对羽毛球专项力量素质有一个更加直观的把握。

2.羽毛球专项判断力量

任何一名羽毛球运动员,要想做出步法移动、挥拍击球等动作,首先要对场上形势、周边环境、潜伏状况、来球情况等进行判断;接着才能轮到移动步法、挥拍击球等具体技术动作。这里我们所说的"判断力",用肉眼看不到、用手摸不着,因此在日常生活及体育运动中常常被忽略。其实,判断力也是一种"力",只不过它是一种微观的力,它的定量分析需采用其他力学的方法去解决。判断力量不仅有"强度",而且还有"性质",这种"强度"与"性质"是构成判断力量的基本单位。

(1)羽毛球专项判断力量的含义

羽毛球专项判断力量是指选手在比赛时,对场上情况判断的力量强度与判断的力量性质。

①羽毛球专项判断力量强度的含义

羽毛球运动选手在判断场上情况时,其判断力量的深度、广度及抗外界干扰力量的大小统称为"判断力量强度"。

②羽毛球专项判断力量性质的含义

羽毛球运动选手在判断场上情况时,其判断力量的不同层次、不同方面、不同角度、不同内涵的特征统称为"判断力量性质"。

(2)羽毛球专项判断力量的作用

①羽毛球专项判断力量强度的大小直接决定着判断速度的快慢。在羽毛球运动实践中,则表现为选手还击球的效果、质量、命中率的好坏。

②羽毛球专项判断力量性质的好坏直接决定着运动员对场上可能发生变化预测的准确性、精确性。在羽毛球运动实践中,具体表现为能否从各种表面现象,诸如对方来球、对方教练员的场外指导(比画手势或喊话)、对方击球前(个别情况也有击球后)的移动、眼神、挥拍等,抽象地判断出对手的真实来球意图。

(3)羽毛球专项判断力量的分类

羽毛球运动选手的专项判断力量同样包括判断力量强度与判断力量性质两个方面。需指出的是:专项判断力量同其他专项力量一样,也可以通过习得得以提高。这里需要说明的是,与其他专项力量依靠身体习得不同,判断力量的习得主要是依靠大脑神经系统,同时习得程序更加复杂,要根据不同场合、不同情况习得各方面的判断力。

羽毛球专项判断力量对羽毛球运动选手比其他项目选手更为重要,因为从羽毛球运动项目特点来看,羽毛球场地相对较小,选手的移动范围不会太大;球速较快,留给选手判断的时间甚至不超过一秒;球路变化多样,正反手各13项有球技术,以及步法等无球技术,选手的思维必须活跃;等等。羽毛球运动不仅要求选手具备优良的身体素质,而且要求选手具备较强的判断力量。其中的原因就是羽毛球运动选手的位置移动速度快慢很大程度取决于专项判断速度、专项反应速度的快慢,这些与身体素质的好坏关系不大,而判断速度的快慢又由判断力量的好坏所决定。

羽毛球专项判断力量是一种微观的力,但对羽毛球运动技术具有极其重要的意义,它的定量研究可采用其他力学的方法、手段来进行分析、测量。

3.羽毛球专项动作力量

羽毛球专项动作力量是指羽毛球运动选手根据一定的目的(个别情况无目的)需要,有意识或下意识地完成某一专项技术动作所需要的力量。羽毛球专项动作力量这一部分蕴含了羽毛球肢体力量的内容。

(1)羽毛球专项动作力量的含义

按人体结构来说,羽毛球专项动作力量以腰腹动作力量最为重要。腰腹动作力量也被称为人体力量的"发动机",人体在完成动作时(宏观)几乎都是由腰腹首先发力。从生理学机制上来看,腰腹发力的双向传导性(向上传给上肢,向下传给下肢)起到了承上启下的作用,决定了腰腹发力在人体完成动作时的主导地位。腰腹发力的向下传导,带动肢的发力动作,下肢发力则给地面一个作用力,地面给下肢一个反作用力,这个力除了足—膝—腰腹上行传导外,当其足够大时会使人体产生位移;腰腹发力的向上传导,带上肢的发力动作,加之下肢发力作用于地面后,地面给予的反作用力的上行传导,共同用于上肢发力,使上肢完成击球的发力动作。

所以,腰腹动作力量、上肢动作力量、下肢动作力量之间,腰腹动作力量起承上启下的枢纽作用,同时起到支撑、固定"通道"的作用。而下肢动作力量则将腰腹传导自"内力",以及腿部发出的"内力"表现为"外力"的形式作用于"外界"(一般情况的地面),借"外界"的反作用力来完成力量的"内部"传导及身体的位移。上肢动作力借助腰腹动作力量、下肢动作力量的共同作用达到最终完成击球动作的目的。

(2)羽毛球专项动作力量的作用

羽毛球专项动作力量是完成动作的最具体表现。在羽毛球运动实践中,表现为能够准确到位、有力击球的程度。动作力量是判断力量的实施及结果,判断力量的好坏终究需要动作力量体现出来。因此,最终的击球效果、质量的好坏还需动作力量来完成。

(3)羽毛球专项动作力量的分类

①羽毛球专项腰腹动作力量

第一,起固定、支撑、稳定作用的腰腹动作力量。

第二,起使身体转动作用的腰腹动作力量。

第三,起使身体不转动作用的腰腹动作力量。

②羽毛球专项上肢动作力量

第一,起固定、支撑、稳固作用的上肢动作力量。

第二,起平衡作用的上肢动作力量。

第三,起完成最终击球动作的上肢动作力量。

③羽毛球专项下肢动作力量

第一,起支撑、固定、稳固作用的下肢动作力量。

第二,起平衡作用的下肢动作力量。

第三,作用于"外界"(地面)的下肢动作力量。

第四,起位移作用的下肢动作力量。

(4)羽毛球专项动作力量的一般规律

所有的羽毛球专项技术都是依靠球拍来完成的。挥拍动作是人体作用于球拍的动作力量,因此羽毛球选手在开始学打羽毛球时,往往容易错误地认为挥拍动作只是由手臂力量来完成的,即把动作力量误认为上肢力量。而在羽毛球比赛实践中,专项动作力量是由整个身体或局部参与完成的。选手的击球动作的幅度受来球状况的影响(来球的速度、力量、弧线、旋转、落点),不可能仅仅依靠手臂来发力,也不可能每次都调动全身最大的动作力量来完成击球。同时,场上形势千变万化,需要选手以各种不同的技术、打法、动作进行还击,所以选手也不需要每次、每个回合都发挥全身力量进行击球。

羽毛球专项动作力量的传送是由躯干力量(核心力量)率先发动,然后向身体各部远端辐射,最后传到选手的持拍手,作用到球拍,球拍再把作用力量传给球,完成本次击球动作。羽毛球专项击球动作力量大致可分为以下几个部分。

①腕、指动作力量

腕、指动作力量主要用于放球、搓球、勾球、推球、扑球等技术动作。

②前臂、腕、指动作力量

前臂、腕、指动作力量主要用于正、反手发网前球、平球、挡球、推球、扑球等技术动作。

③上臂、前臂、腕、指动作力量

上臂、前臂、腕、指动作力量主要用于拦(挡)球、平抽球、快打球、挑高球、接下压突击球等技术动作。

④躯干、上臂、前臂、腕、指动作力量

躯干、上臂、前臂、腕、指动作力量主要用于平抽球、高远球、平高球、平击球、挑高球、重下压突击球、点下压突击球、劈下压突击球等技术动作。

⑤下肢、躯干、上臂、前臂、腕、指动作力量

下肢、躯干、上臂、前臂、腕、指动作力量主要用于发高远球、发平高球、跳起下压突击球、大力下压突击球等技术动作。

由于赛场形势千变万化,具体需要调动哪些身体部位完成击球,还是要依据场上形势、选手的自身情况来选择。

(5)羽毛球专项动作力量的特殊规律

羽毛球专项动作力量是由身体的各个部分的动作力量协同完成的,

而这些动作力量则是通过传递、合成、协调最后作用于球拍上。这就涉及羽毛球运动中最典型的，也是体育运动中较为特殊的动作用力方式——鞭打动作。

根据鞭打动作的原理可知：当运动物体的一端突然受限制制动后，被制动端的动量由于速度骤减为零（动量等于速度乘质量，速度变为零，动量也变为零），动量也变为零。根据能量守恒定律可知，这部分骤减为零的能量并不是直接消失了，而是层层传递给其他部分形成力的叠加，即被制动端的动量传递给自由端，使自由端的速度得以增加。如果这一动量传递链条经过数个或数十个的动量传送，那么从起始端到终止端动量的增加就很明显甚至巨大，这也是为什么羽毛球运动员可以用一个看似细微的动作将球击得很远、使其飞得很快。在这里我们以羽毛球选手正手击高远球动作来解释羽毛球专项动作力量的特殊规律。我们对动作进行如下分解。

选手在击高远球时，侧身面对来球；持拍手肘关节弯曲，上举高于肩；此时重心由同侧脚转向异侧脚；腰、髋随之向持拍手异侧方向转动；持拍手臂保持原位不动，非持拍手自然上举，上举高度与持拍手相同，以保持击球前的身体平衡。

击球时，腰部制动，肩关节开始内收；紧接着肩关节制动，上臂根据击球技术要求向上挥动；肘关节保持不动，形成肘先行；手腕放松形成背屈，球拍后坠。

肩肘关节制动，根据该技术的技术要求前臂向前挥动，手腕继续保持弯曲；腕关节制动，前臂旋内，并使手腕前屈；手指紧握球拍，球拍迅速挥动击中球；拍触球的一瞬间是最重要的环节，此时选手的下肢、躯干、上臂、前臂、手腕与球拍成一条直线。

在完成鞭打击球动作力量的传递过程中，掌握适当的制动时间、时机、方式是至关重要的。只有这样才能通过上一动作力量的积极制动有效地把动量传递到下一动作力量中。这里需要特别指出的是：鞭打动作使身体各个关节的制动并不是指完全停顿或戛然而止，而是使各个环节仍保持一定地向前挥动,使各个部位的动作形成一个协调的整体,要求主动肌、对抗肌、协同肌等肌群的协调配合。

鞭打动作虽然是一种特殊的动作力量形式,但已广泛应用于羽毛球运动中,成为羽毛球运动最具代表性的发力方式(区别于网球等)。鞭打动作可以有效地把身体各部分力量有机地结合起来(下肢、躯干、上臂、前臂、手腕、手指),层层传递,加大动作力量;即使是单一的或者很少部分的动作力量的组合,由于介入了鞭打动作,也可以动员更多的身体部分和肌群参与工作。这样可以在充分发力的同时,避免局部关节、肌群负担过重,使整个工作效率大幅度提高。另外,鞭打动作力量可以缩小动作幅度,能在较短的时间内获得较大的动能,保证了动作的隐蔽性。

4.羽毛球专项位移力量

(1)羽毛球专项位移力量的概念

羽毛球专项位移力量是指羽毛球选手根据一定的目的(个别情况无目的)和需要,有意识或下意识地完成从一个位置到另一个位置的移动所需要的力量。严格地讲,位移也是一种动作,位移力量包括在动作力量之中,但在羽毛球运动实践中,专项位移力量是专项动作力量的一种特殊形式,因此将其单列出来加以研究。

我们所说的位移,指的是羽毛球运动选手身体的整体移动,而不是指身体某一部分的移动,如双脚站在原地,通过伸展手臂去击球。

(2)羽毛球专项位移力量的作用

羽毛球专项位移力量的好坏直接决定着步法移动的质量和效果,影响着羽毛球选手能否将步法移动到需要的位置上,以完成挥拍击球的需要。羽毛球专项位移力量是羽毛球选手完成击球目的的基础。

(3)羽毛球专项位移力量分类

①以移动高度为主的羽毛球专项位移力量

该力量包括下压突击球时的位移力量,接很高的来球时的位移力量。

②以移动远度为主的羽毛球专项位移力量

该力量包括向左移动的位移力量,向右移动的位移力量,向前移动的位移力量,向后移动的位移力量。

二、羽毛球专项力量素质指标

(一)羽毛球专项力量素质专家访谈与探讨

对于羽毛球专项素质指标确立来说,本书所指的专家访谈法是有代表性地搜集经验丰富的专家意见和想法,将这些意见和想法作为羽毛球专项力量素质指标确立的参考依据之一。这些专家在羽毛球教学、训练或科研方面有一定的经验和成果,符合羽毛球研究工作的科学性、严谨性和权威性,且具有较强的言语表达能力,能准确地表达自己心里的想法。此外,这些专家必须有从事羽毛球教学、科研、训练等工作十年以上经验,或具有副教授以上职称,或具有羽毛球专业研究生以上学历。

为确立羽毛球专项力量素质指标,对专家进行访谈。通过专家访谈,总结专家意见,最后得出以下结论:高远球、平高球、下压突击可以作为评价羽毛球专项力量素质的指标。高远球击球落点距底线距离可以作为羽毛球专项力量素质的衡量标准;平抽球距网高度和落点距底线距离能够作为羽毛球专项力量素质的衡量标准;下压突击的出手速度能够作为羽毛球专项力量素质的衡量标准。在访谈的基础上,确立了三级指标:一级指标为身体素质——力量、速度、耐衡、灵敏、柔韧五项指标;二级指标为高远球、平高球、下压突击力量素质评价指标;三级指标为高远球击球落点距底线距离、平抽球距网高度和落点距底线距离、下压突击的出手速度。

在(理论层面)确立一级指标、二级指标、三级指标的基础上,对以上指标进行(实践层面)实验测量,进一步通过验证强化确立上述指标。在得到准确指标数据的前提下,对指标进行科学、公正的评价。

(二)羽毛球专项力量素质指标确立与评价

1.高远球测量指标

(1)指标选取目的

从概念上(形式)来看,力量素质包含羽毛球专项力量素质;从内容上看,羽毛球专项力量素质包含力量素质。在羽毛球专项力量素质中,蕴含着共性与个性的辩证哲理。力量素质表现形式有多种,例如举杠铃、投掷标枪等,但这些力量素质与羽毛球这项运动不直接相关,因此,这些不是羽毛球专项力量素质。很多项目从生理生化指标而言,与羽毛球项目相关,但从专项球理、球感、球性等方面却毫无相关。因此,仅从"外部"的其他项目做简单的比较而得来的指标没有可供采纳的理论与实践依据。

本研究指标选取的目的主要有以下几个方面:

第一,是评价的基础。选取高远球作为指标,确保了评价指标的典型代表性,相对准确地反映力量素质的特点——方向性、复杂性、随机性等综合特征。指标的选取符合力量素质不同表现形式的特点。在确保指标选取符合力量素质特点的基础上,才能对力量素质进行科学、客观、全面、准确的评价。

第二,明确评价内容。确立指标是后续事件发生的物质基础,指标确立才会有指标的测量、评价和应用等过程。高远球击球分为选位引拍、迎球挥拍、球拍触球、随势随挥几个过程,所有的过程必须保持连贯、一致才能打出预想的效果,任何一个环节的失误都可能会影响最终的效果的分析,因此评价内容都必须建立在明确指标的基础之上。

第三,量化力量素质。力量是矢量、既有大小又有方向,这是指标选取的落脚点之一。不管是高远球、平高球还是下压突击都对力量要求相对较高。不同选手击球在同一环境,使用同一球拍、同一种球,打同一高度的球落点距离底线离通过测量得出数据,量化力量素质,能够更直观、更有效地表现出羽毛球选手击球力量的大小,从而评价羽毛球选手的力量素质。另外,高远球中的"高远"等动作具有一定的方向性而且方向不同。从不同的击球方向体现出羽毛球选手的力量素质,同时也体现了力量素质的方向性。

(2)测量指标实施方案

①测量时间:2022年9月

②测量地点:某高校羽乒馆1号场地

③测量对象:某高校羽毛球队男子羽毛球学生100名。通过比赛排列出1~100人的名次,将排序好的100名羽毛球学生分成3组:第一组为前25％,即第1至第25名;

第二组为26％~75％,即第26至第75名;第三组为76％~100％,即第76至第100名。然后用导出的素质指标对该100名学生进行数值指标测试。

④测量器材

a.场地:某高校羽乒馆二楼地板场地(符合国际羽毛球比赛专用标准);

b.球拍:保证每名同学使用的球拍的型号与实验之前使用的型号一样;

c.尤尼克斯AS-05羽毛球若干;

d.斯波阿斯S4025智能立式羽毛球发球机一台;

e.皮尺一条;

f.标记物若干。

⑤测量操作过程

工作人员事先将发球机放置于受试者对侧底线,并设置好发球机数值(速度、弧度),使球飞行至被测者一侧的双打长发球线与底线之间下落。被测者以准备姿势站在双打长发球线与底线之间,准备好之后示意发球机发球。当发球机准备发球时,被测者做出反应,当球飞行至受试者可控制范围内,被测者用"高远球"技术动作击球,将球击至对侧半场,工作人员用白色胶布标记球的落点。当一次击球完成后,被测者需重新回到规定位置后再发下一颗球。每名被测者按以上规则进行三次击球,三次击球完成后,工作人员分别测量三次落点与底线之间的距离并记录。

(3)测量结果分析及评价

根据实验结果,得出如下统计表。

表5-1 高远球距底线描述计量表

落点距底线距离	N	极小值	极大值	均值	标准差
第一球距底线距离	100	-29	145	48.56	31.810
第二球距底线距离	100	-5	150	57.52	31.281
第三球距底线距离	100	-22	173	58.55	32.988

据高远球距底线距离描述统计量表显示,第一次击球的最远距离为－29厘米(出界29厘米),最近距离为145厘米(距离底线145厘米),平均距离为48.56厘米;第二次击球的最远距离为－5厘米(出界5厘米),最近距离为150厘米(距离底线150厘米),平均距离为57.52厘米;第三次击球的最远距离为－22厘米(出界22厘米),最近距离为173厘米(距离底线173厘米),平均距离为58.55厘米。

总体上,比赛排名靠前的选手其击球的落点更加接近底线。同时,能够将球击出底线的均为比赛排名在前25%的选手,即前25名,且每名受试者三次击球的落点距底线距离总体差异不大。

①绝对力量的分析

排名越靠前的选手其击球落点距离底线越近,甚至超出底线;排名越靠后的选手其击球落点越远离底线。羽毛球的击球动作力量是由身体的各个部分协同构成的。击高远球的技术动作涉及体育运动中较为特殊的发力方式——鞭打动作。通过高速摄影的画面捕捉发现,比赛排名靠前的选手(前25%)在完成击球动作时均有相对完整的身体各部位的力量传导(下肢、躯干、上臂、前臂、手腕、手指),而排名中部的选手(26%～75%)身体各部分的力量传导均有不同程度的不连贯或缺失,但总体上能够体现出从躯干到手臂再到手腕的力量传导过程。排名靠后的选手(76%～100%)的击球动作几乎不能体现出力量传导,动作不规范。

高远球是一种有效的延缓之策,体现在比赛中就是,一方采用高远球技术将球尽量击打至对方底线上空,为自己回位并做出下一次击球的准备动作争取时间,如果击球不到位(常见的有"见高不见远")就很容易被对手抓住机会直接得分;同时,在比赛中很多球员习惯用高远球压制对方底线,试图造成其回球不到位而伺机打出正手下压突击球。总的来说,高远球如果不到位则很容易被对手抓住机会实现"反杀"。

上文提到的鞭打动作区别于我们相对习惯的棍打动作。选手在击高远球时,侧身面对来球;持拍手肘关节弯曲,上举高于肩;重心由同侧脚转向异侧脚;腰、髋向持拍手异侧方向转动;持拍手臂保持原位不动,非持拍手自然上举,上举高度与持拍手相同,以保持击球前的身体平衡;击球时,腰部制动,肩关节开始内收;紧接着,肩关节制动,上臂根据击球技术要求向上挥动;肘关节保持不动,形成肘先行;手腕放松形成背屈,球拍后坠;肩肘关节制动,随后前臂向前挥动,手腕继续保持弯曲;腕关节制动,前臂旋内,并使手腕前屈;手指紧握球拍,球拍迅速地挥动击中球。此时,整个身体(下肢、躯干、上臂、前臂、手腕)与球拍成一条直线。这样一个动作看似简单,但操作起来却是十分复杂的。高水平选手都是经过日复一日的训练才能够刺激足够的肌肉记忆并将这个动作定型,从而做到力量传导连贯,动作协调;水平较低的选手往往动作完成得不够标准,即某些细节不到位,力量传导不完全。在这样一个复杂的系统中,如果某一个关节的技术发生了错误,那么整体的击球效果都将大大受损。换句话说,对于一个外行人来说,即使拥有强大的上肢力量,如果发力方法不正确,上肢力量与下肢力量、躯干力量配合不协调,依然无法完成高质量的击球。

②力量控制的分析

在羽毛球的规则限制下,掌握了击球方法,并把球击得远仅仅是第一步。在比赛中直观的体现就是,一方试图压制对手造成其回球不到位,或受对方压制时为自己争取更多的回位时间,都会使用到高远球技术。我们知道,越接近底线的球质量越高,这一方面可以让对方更多地后退而受到自己的压制,另一方面则是容易让对手造成球已出界的错误判断。但有利必有弊,追求落点靠近底线的同时也增加了出界的风险,对于水平相对较高的运动员,需要控制自己的击球力量使球落在界内;而对于水平较低的选手,虽然不担心球会出界,但由于回球不到位而造成的被对手"反杀"则更可怕,因为这样的情景在造成失分的同时也增强了对手的信心,并削弱自己的信心。因此在比赛中,高水平的选手会刻意地控制力量,这也是为什么水平低的选手容易受到高手压制的原因。

优秀的羽毛球选手可以正确利用技术动作将球击出更远的距离,但同时,由于羽毛球的规则限制,仅仅将球击得远是无效的,因此顶级运动员的击球更加贴近底线且保证球不出界,这既保证了对对手的有效调动和压制,又能够保证球不出界、不失分,也不给对手留下直接打出高质量正手下压突击球的余地。

2. 下压突击测量指标

(1)测量指标选取目的

本研究选取"下压突击"指标的目的主要有以下几个方面。

第一,是评价的基础。选取下压突击作为评价指标,确保了指标的典型代表性,相对准确地反映力量素质的特点——方向性、复杂性、随机性等综合特征。指标的选取符合力量素质不同表现形式的特点,重点突出了选手的"爆发力"。在确保指标选取符合力量素质特点的基础上,才能对力量素质进行科学、客观、全面、准确地评价。

第二,明确评价内容。突击下压击球分为选位引拍、迎球挥拍、球拍触球、随势随挥几个过程,所有的过程必须保持连贯、一致才能打出预想的效果,任何一个环节的失误都可能影响最终的效果。而对以上的分析都建立在明确指标的基础之上。

第三,量化力量素质。力量是矢量,既有大小又有方向,这是指标选取的落脚点之一。不同选手在同一环境,使用同一球拍、同一种球,打同一高度球的出手速度通过测量得出数据,量化力量素质。通过突击下压时球的出手速度能够更直观、更有效地表现出羽毛球选手击球力量大小,从而评价羽毛球选手的力量素质。另外,突击下压中的"下压"动作都具有一定的方向性,从不同方式的击球体现羽毛球选手力量素质的方向性。

(2)测量指标实施方案

①测量时间:2022年9月

②测量地点:某高校羽乒馆1号场地

③测量对象:某高校羽毛球队男子羽毛球学生100名。通过比赛排列出1~100人的名次,将排序好的100名羽毛球学生分成3组:第一组为前25%,即第1至第25名;第二组为26%~75%,即第26至第75名;第三组为76%~100%,即第76至第100名。然后用导出的素质指标对

该 100 名学生进行数值指标测试。

④测量器材

a.场地:某高校羽乒馆二楼地板场地(符合国际羽毛球比赛专用标准);

b.球拍:保证每名同学使用的球拍的型号与实验之前使用的型号一样;

c.尤尼克斯 AS-05 羽毛球若干;

d.采用三维 DLT 测量法,用两台摄像机,拍摄频率为 250 赫兹;

e.爱捷三维标定仪一个,采光专用照明灯四台;

f.笔记本电脑两台;

g.斯波阿斯 S4025 智能立式羽毛球发球机一台;

h.20 厘米标尺两条;

i.红色尼龙绳两根;

j.标记物两个。

⑤测量操作过程

在某高校羽毛球馆对运动员进行定点拍摄。两台摄像机分别放置于运动员左侧前方和左侧水平稍前方,要求两台摄像机能完整录进整个动作。摄像机高 1.29 米,两台摄像机的主光轴约成 90°角,拍摄前后用三维空间框架进行标定,摄像机距框架远点距离为:A 机 11.5 米,B 机 10.25 米。AB 机相距 12.0 米。A 机高度 1.37 米,B 机高度 1.37 米,框架中心距离地面 0.68 米,设置拍摄频率 250 赫兹,快门速度为 1/1000 秒。工作人员事先将发球机放置于受试者对侧底线,并设置好发球机发球高度、发球距离、发球角度等数值,使球准确飞行至受试者一侧的双打长发球线与短发球线的中间区域。被测者以准备姿势站在场地短发球线与双打长发球线之间(中前场固定标志物),准备好之后示意发球机发球,受试者用"突击下压"动作击球,使球越过球网落至对侧半场。当一次击球完成后,运动员需重新回到规定位置,做好击球准备时再发下一颗球。每名被测者按以上规则进行三次击球。

(3)测量结果分析及评价

根据以上测量结果,得出下压突击出手速度描述统计量表如下:

表5-2 正手下压突击出手瞬间速度描述统计量表

速度	N	极小值	极大值	均值	标准差
第一球速度	100	25	67	42.61	9.042
第二球速度	100	25	65	42.15	9.191
第三球速度	100	22	65	42.03	9.432

据下压突击出手速度描述统计量表显示,第一次击球的最快速度为67米/秒,最慢速度为25米/秒,平均速度为42.61米/秒;第二次击球的最快速度为65米/秒,最慢速度为25米/秒,平均速度为42.15米/秒;第三次击球的最快速度为65米/秒,最慢速度为22米/秒,平均速度为42.03米/秒。

总体上,比赛排名越靠前的选手其下压突击的球速越快;排名越靠后的选手其下压突击的速度越慢;每名受试者三次击球的速度分布总体差异不大。

①绝对力量的分析

羽毛球的击球动作力量是由身体的各个部分协同构成的。下压突击的技术动作与高远球、平抽球一样,也涉及体育运动中较为特殊的发力方式——鞭打动作。突击下压的动作可分解为:右脚起跳后,身体后仰背弓,腰腹发力后制动,将力量传递至大臂,大臂制动,将力量传递至前臂,前臂制动,将力量传递至手腕,手腕向下用力鞭打,将整个传导过程中的合力传递给球拍,球拍正面击球托的正后部,使球沿直线向前下方快速飞行。

通过高速摄影进行画面捕捉发现,比赛排名靠前的选手(前25%)在完成击球动作时均有相对完整的身体各部位的力量传导(下肢、躯干、上臂、前臂、手腕、手指),而排名中部的选手(26%~75%)身体各部分的力量传导均有不同程度的不连贯或缺失,但总体上能够体现出从躯干到手臂再到手腕的力量传导过程。排名靠后的选手(76%～100%)的击球动作几乎不能体现出力量传导,动作不规范。排名越靠后的选手越容易出现两个问题:第一,缺乏身体各部分的力量传递;第二,手腕的发力方向有问题,对球形成了切击。

下压突击是一种有效的进攻手段,是羽毛球比赛实践中最容易直接得分的方式。在高级别比赛中,为了追求更高的击球点,选手们更习惯采取腾空下压突击的方式增加击球的威胁性。击球前,选手右脚稍前,左脚稍后,身体稍前倾、屈膝,重心落在右脚上,准备起跳。起跳后,身体向右后方腾起,上身右后仰成反弓形,右臂右上抬,肩尽量后拉。击球前臂快速举起,压腕向前下击球。突击下压后,屈膝缓冲,右脚右侧着地,重心在右脚上;左脚在左侧前着地,并迅速还原。腾空下压突击动作的每一个环节都把"蓄力"做到了极致,击球前身体后仰背弓,犹如张弓拉箭一般,把全身各部位的力量凝结起来;发力的时候,是通过腰腹肌把身体往下压,将积蓄的力量瞬间爆发出来。简单来说,就是一个最大程度"挺腹"到最大程度"收腹"的过程。

高水平选手都是经过日复一日的训练才能够刺激足够的肌肉记忆并将这个动作定型,从而做到力量传导连贯、动作协调。水平较低的选手往往动作完成得不标准,即某些细节不到位,力量传导不完全,仅依靠手臂的力量击球。在没有蓄力的情况下发力,出球势必疲软。

②力量控制的分析

下压突击是一个蓄力到发力的过程,这个过程需要把积蓄的力量在瞬间迅速地释放。可这就意味着下压突击不需要对力量进行控制了吗?蓄力的过程如张弓搭箭,在蓄力时都有一个极限,如果超过极限弓就会断裂。而在下压突击的技术动作中也是,如果起跳高度达到自身控制平衡的极限高度,就会影响滞空和平衡,蓄力就会发散。受万有引力影响,滞空过程是一个短暂的过程,在这一过程中需要完成从蹬地、转体、收腹、挥臂,到手腕和手指的力量传递,传递过程必须紧凑,正所谓"水满则溢",某一环节过长不仅不会充分蓄力,还会造成力的损失,甚至会影响下一环节的蓄力。这也是初学者为什么力量素质很好,发力也很大,但是击球疲软或动作僵硬,球下网。

在羽毛球运动实践中,对手不会轻易给本方造成舒服的下压突击位置,更多的时候需要选手去抢位置,抢位置又涉及羽毛球的经典无球技术——步法。在下压突击的步法中,除了常用的退步步法外,还要用到起跳步法。羽毛球选手的起跳方式与篮球选手的起跳方式差异较大,从方向上,前者是后退的过程中起跳,从生理学的角度讲,起跳难度更大;后者则是向前起跳,可利用惯性向前滑行。同时羽毛球选手的起跳不是垂直起跳,而是有一个明显的蹬地转体的过程,这里的"蹬地转体"就是下压突击蓄力过程的第一个环节。

第二节　专项速度素质训练的指标及评价

"快"是羽毛球技术的关键,球的速度快,就能调动对方、限制对方、打击对方,直至夺取最后胜利。因此,研究速度,提高运动员的专项速度素质,不仅是技术问题,而且是战术、战略的问题。羽毛球技术原理的八字方针也把速度列在了首位,足以体现速度素质在羽毛球专项素质中的重要性。

一、羽毛球专项速度素质概念

(一)与速度相关因素的概念及内容

我们可以把速度看作"速"的量化,在现代物理学中,我们把速度看作物体运动的快慢和方向。速度在数值上等于物体运动的位移跟发生这段位移所用的时间的比值。在体育运动实践中,人体(或物体)从一个位置向另一个位置移动时,往往是用"快""慢"来说明人体(或物体)的运动情况。然而"快""慢"只能说明运动物体的某种差别,因此,只用路程的长短、位移的大小、时间的长短来说明人体(或物体)的运动情况往往是不完善、不全面的,应将路程、位移、时间等方面结合起来研究去说明运动的情况,这就引出了与速度相关因素的概念及内容。

1. 速率

速率是指路程及与通过这段路程所需时间之比。速率有大小,却无方向,因此速率是标量。

2. 时刻

时刻是指人体运动过程中的某一瞬时。时刻一般用离开某瞬时间的某秒来表示。

3. 时间

时间是指人体(或物体)从某一瞬时到另一瞬时所经过的时间间隔。

4. 时刻与时间的关系

时刻是指时间的开始、时间的终末或运动过程中时间的任何一点;而时间的间隔却可长可短。

5. 动量

动量是指物体的质量与物体运行速度之间的乘积。通常用 m 代表物体的质量,V 代表物体运行的速度。

6. 动量守恒原理

根据动量守恒原理可知:按照物体完全弹性碰撞情况分析,物体碰撞前的动量之和与物体碰撞后的动量之和完全相等(完全理想条件下)。

(二)羽毛球专项速度的概念

从当前世界羽坛的格局来看,亚洲仍处于优势地位,可以说羽毛球运动正朝着"快速、全面、进攻、多拍"的方向发展,因此,强化羽毛球专项速度素质就显得十分重要。

1. 羽毛球专项反应速度

羽毛球运动最重要的一项技术要求,就是将球高效、合理地击打至对方半场,因此,对于来球的判断就显得尤为重要。反应速度作为羽毛球专项速度素质的基础,指的是运动员利用训练、比赛积累起来的经验,在大脑中迅速地做出判断,从而选择最优的技、战术。

一名高水平羽毛球运动员,经过长期职业化的训练以及大量国内外赛事的洗礼,其技、战术水平、心理承受能力、分析与判断能力都达到极高的水准。因此他们对于来球的判断、分析以及做出的反应,99%都是准确的,即便是对手尚未出手的来球,其预测准确率也在90%以上。正因为专业化、职业化程度极高,他们能够依靠正确的判断、快速的反应而事先进行"预动",而"预动"的结果是既从容又及时,还可以克服因突然起动造成的重心不稳。

因此,反应速度是"身体活动"过程占主导,是人体感应器实实在在接到"外界"的刺激,而后感应器做出反应的过程。而判断速度是"心理活动"过程占主导,是人体感应器未直接受到"外界"刺激,而是对外界诸多现象进行分析、综合,确认可能发生的结果,最后效应器做出反应的过程。

所以,反应速度是选手接收具体"刺激"进行"动作"的第一步,也是至关重要的一步。反应速度快,就能为判断、移动、击球等动作争取更多的时间,能够大幅缩短整个击球过程的时间;反应速度慢,则会贻误战机,当你做出反应并选择移动过去击球的时候,球可能已经接近落地了,那么你的击球就是十分被动的,更容易受到对手的压制。

2.羽毛球专项动作速度

羽毛球实战中,很多经验丰富的运动员即便正确预测了来球的速度、弧度、落点以及对方的移动情况,但仍无法打出高质量的回球。这主要是因为其动作速度较慢,无法在很短的时间内根据头脑中的判断做出相应的技术动作。

因此我们不难看出,羽毛球的技术组合是十分复杂的,要想完成任何一个动作,最后均需人体的某个部位、某个"效应器"发生作用才能达到目的。动作速度,即羽毛球运动员根据大脑中产生的判断所做出动作的速度。

羽毛球的技术动作乃至技术动作的组合是十分复杂的,面对同一个来球,不同的运动员在不同的时间会做出不同的回球动作。想要把握如此庞杂的体系,我们不妨回归事物本源,运动员所做的任何技术动作的目的都是要将球有效地击回至对方半场,那么我们就可以把羽毛球专项速度素质中的动作速度理解为羽毛球运动员在比赛中做出合理、有效击球动作的速度。

(1)羽毛球专项动作速度的决定因素

①预判与反应速度

很多时候的击球都是下意识的反应。反应速度的快慢决定着球员能否事先有个"预动"动作。即便下意识的判断时间很短,但也是一个预动的过程。但比赛的复杂性决定了预判与反应的复杂性。在占据主动时,我们有更充沛的时间充分观察对手动作进行预判;处于被动时,我们往往没有时间去观察对手动作,仅能对对手的击球做出一个下意识的反应;即便占据主动,如果判断出了问题,我们很有可能再次陷入被动。在这样的主动与被动的交替中,反应速度就显得尤为重要了。

正确、快速的预判与反应,可以使你在对方未做出动作前就知道其动作完成的结果,因此可以事先就进行"动作",当对手击球后,便可以迅速地移动到预判的位置,有充足的时间进行击球,且击球质量较高。这样可以节省大量的时间,并能起到以逸待劳、事半功倍的作用。所以说,动作速度的快慢首先取决于判断速度的快慢与对错。反应速度的快慢决定着选手能否有充足的移动步法、挥拍击球的时间。也就是说,反应速度快则有足够的时间移动步法、挥拍击球,并控制对手的还击,整个过程行云流水、游刃有余。反之,则会长时间受制于对手,频繁失分。

②参与动作肌群的力量大小

参与动作肌群的力量大小决定着动作速度的快慢。参与动作的肌群力量越大,则肌肉的收缩力越大;肌肉收缩力越大,则肌肉收缩速度就越快;肌肉收缩速度越快,则肌肉牵拉的骨骼、关节等所完成的动作速度也就越快。所以说,动作速度的快慢也取决于参与动作的肌群力量大小。

③战术

战术是建立在技术基础上的,技术相当的选手之间的获胜方往往是战术使用得当的一方。战术的运用可以有效地调动对方,整个回合过程都是"以我为主"的,战术运用合理的一方的每一次击球都是事先计划好的,省去了更多的反应时间后,便可以更加迅速地完成动作,使动作行云流水、游刃有余。

(2)羽毛球专项动作速度的分类

同动作力量一样,羽毛球专项动作速度按人体结构大致可分为三个部分。

①腰腹动作速度

羽毛球的技术动作强调伸展、协调。根据上文提到的鞭打发力方式,腰腹作为发力的枢纽环节,起到了承接下肢力量,带动手臂力量,保持中心平衡的作用。腰腹动作速度来源于腰腹动作力量,在发力正确的情况下,腰腹动作的力量越大,腰腹动作速度也就越快。

②上肢动作速度

上肢动作速度主要来源于上肢动作力量,也间接地来源于腰腹动作力量和下肢动作力量。上肢动作力量主要用于完成各项技术动作中手臂、手腕等的动作,由于羽毛球运动中的任何击球动作都离不开球拍,都是由手挥动球拍完成的,因此我们可以将"上肢动作速度"狭义地理解为"挥拍速度"。挥拍速度越快则球速越快,留给对手的反应时间越短,也就越能够压制住对手。这在平抽球、快打球、下压突击中均有明显的体现。

③下肢动作速度

下肢动作速度主要来源于下肢动作力量,也间接来源于上肢动作力量和腰腹动作力量。下肢动作速度主要体现在移速和弹速上。

在羽毛球技术动作中,下肢的发力往往是第一环节,是发力的基础。球员下肢动作速度越快则脚步移动越快,越能"抢时机""抢高点"。同时,下肢动作速度与弹速关系也很大。为了"抢高点",高水平的运动员往往通过起跳的方式,在自己所能触及的最高处击球,最常见的就是"跳杀"。当占据主动时,我们都希望加快节奏,打对方一个措手不及,那么连续起跳的速度(弹速)也就显得尤为重要。

(3)羽毛球专项动作速度的作用

动作速度是动作质量的一个重要衡量标准。在羽毛球比赛中,动作速度快的球员往往表现为快速准确到位,迅捷有效击球,鞭打力量大,隐蔽性高。动作速度是反应速度的实施、结果及最终表现形式。也就是说,判断与反应速度的快慢终究需要从动作速度的快慢中体现出来。

这里首先要提到一种特殊的动作速度——位移速度。很多球员凭借反应能力上的天赋可以很准确地预判来球,但时机转瞬即逝,即便判断出球路、球速,甚至充分考虑了对手的站位与意图,但无法在最短的时间内移动到位也是徒劳的。相反,有些球员反应速度较慢,甚至来不及预判,完全等到对方出手后才去"追球"但也能够凭借移动速度的优势完成回球动作。也就是说,从对方出手到自己接球的短短几秒甚至不足一秒内,动作速度占的比重要远大于反应速度。动作速度的主要作用是提高技术完成的效果,鞭打速度越快,则球速也就越快;鞭打速度越快,则动作也就越隐蔽。

3.羽毛球专项位移速度

位移速度与上文提到的动作速度有一定的重合,是由于发生位移本身就是一种动作。但位移速度强调的是由一个位置到另一个位置的速度,而动作速度是整个击球动作的完成速度。二者虽然有相同之处,但在本质上是有差别的。

人体的位移速度是由人体的肌肉内力(作用力)作用于外界物体,外界物体给人体一个大小相等、方向相反、作用在同一条直线上的反作用力,二者相互作用形成的。在羽毛球实战中,位移速度相较于其他羽毛球专项速度而言相对直观,可以直观地理解为从一个击球位置移动到下一个击球位置的速度。

位移速度的快慢来源于人体肌肉收缩力量的大小、方向、方式、角度及被作用物体接触的部位、方向、方式、角度、面积等诸多因素。在羽毛球实战中，选手运用下肢的力量作用于地面，使地面产生大小相等、方向相反、作用在同一直线上的支撑反作用力，这就是羽毛球运动员的位移。这段位移与所用时间的比则是我们所说的位移速度。

按照上述说法，通常情况下，短跑运动员的爆发力要强于羽毛球运动员，足球运动员的下肢力量要普遍强于羽毛球运动员，但在羽毛球实战中，无论是短跑运动员还是足球运动员的位移速度又远低于羽毛球运动员，这就体现了羽毛球无球技术的重要性，即步法的重要性。因此，想要提高位移速度，加强下肢力量训练固然重要，但千万不可忽视步法的训练。

(1) 羽毛球专项位移速度的含义

羽毛球专项位移速度是指羽毛球选手在比赛中，从一个击球位置到下一个击球位置所进行位置移动速度的快慢程度。

(2) 羽毛球专项位移速度的范畴

羽毛球专项位移速度包含在羽毛球专项动作速度范畴之内。因为位移动作也是一种动作，位移速度也是一种动作速度，是动作速度中的一种，是特殊的表现形式。

(3) 羽毛球专项位移速度的决定因素

羽毛球专项位移速度既然是羽毛球专项动作速度中的一种，那么羽毛球专项动作速度的决定因素同样是羽毛球专项位移速度的决定因素，只不过是大部分省略了上肢动作，即羽毛球专项位移速度取决于判断速度、反应速度、参与位移动作（主要是下肢）肌群的力量。

(4) 羽毛球专项位移速度的分类

羽毛球专项位移速度的快慢主要决定于位移力量的大小。所以，羽毛球专项位移速度的分类隶属于羽毛球位移力量的分类。主要分为以移动高度为主的位移速度和移动远度为主的位移速度，以移动高度为主的位移速度,主要是为追求高击球点而进行的起跳,以腾空下压突击动作的应用最为典型;以移动远度为主的位移速度,也就是说从当前击球位置到下一个击球位置的位移速度。

(5)羽毛球专项位移速度的作用

羽毛球运动实践中的位移主要是指羽毛球运动技术中的步法。在一定的下肢力量的基础上,步法选择越合理,步法应用越熟练,步法组合就越优化,那么相应的位移速度也就越快。位移速度的快慢直接决定着步法移动的快慢,决定着步法移动的质量与效果,从而决定着挥拍击球动作的质量与效果。与"战术是建立在技术基础上的"同理,如果没有一个相对快的位移速度,再优化的步法也是"花拳绣腿",球一落地就意味着失分,那么再科学再优雅的步法也是徒劳的。

二、羽毛球专项速度素质指标

(一)羽毛球专项速度素质专家访谈与探讨

本书采用的专家访谈法是有代表性地搜集经验丰富的专家意见和想法,利用这些意见和想法作为羽毛球专项力量素质指标确立的参考依据之一。专家访谈法的要求:第一,这些专家在羽毛球教学、训练或科研方面有一定的经验和成果,符合羽毛球研究工作的科学性、严谨性和权威性。第二,要求所选的这些专家具有较强的言语表达能力,能准确地表达自己内心的想法,对羽毛球速度素质指标的确立做出合理的判断标准。第三,这些专家必须有从事羽毛球教学、科研、训练等工作十年以上经验,或具有副教授以上职称,或具有羽毛球专业研究生以上学历。

通过专家访谈,总结得出以下结论:扑球、下压突击可以作为评价羽毛球专项速度素质的指标。扑球击球落点距底线距离可以作为羽毛球专项速度素质的衡量标准;下压突击的出手速度能够作为羽毛球专项速度素质的衡量标准。在访谈的基础上,确立一级指标、二级指标、三级指标(扑球击球落点距底线距离、下压突击的出手速度)。一级指标为身体素质——力量、速度、耐衡、灵敏、柔韧五项指标;二级指标为扑球、下压突击速度素质评价指标;三级指标为扑球落点距底线距离、下压突击的出手速度指标。

在(理论层面)确立一级指标、二级指标、三级指标的基础上,对以上指标进行(实践层面)实验测量,进一步通过验证、强化确立上述指标。在得到准确指标数据的前提下,对指标进行科学、公正的评价。

(二)羽毛球专项速度素质指标确立与评价

1. 下压突击测量指标

(1)测量指标选取目的

下压突击是羽毛球技术中有效的进攻手段,也就是我们常说的"正手下压突击球"。

可以根据正反手、正手下压突击球位置等进行多种分类,但归根到底都是追求通过最大限度地增加球速,让球迅速下落至对方半场得分或压制对手。选择正手下压突击这一指标,既能直观地体现球速,又能体现球员击球的动作速度。

本研究"下压突击"指标选取的目的主要有以下几个方面。

第一,是评价的基础。选取下压突击作为指标,确保了评价指标的典型代表性,可以相对准确地反映速度素质——"快"的特点。指标的选取符合速度素质不同表现形式的特点。在确保指标选取符合速度素质特点的基础上,才能对速度素质进行科学、客观、全面、准确的评价。

第二,明确评价内容。突击下压技术动作分为选位引拍、迎球挥拍、球拍触球、随势随挥几个过程,所有的过程必须保持连贯一致才能打出预想的效果,任何一个环节的失误都可能会影响最终的效果。这些分析都建立在明确指标的基础之上。

第三,量化速度素质。速度是矢量,既有大小又有方向,这是指标选取的落脚点之一。不管是扑球还是下压突击都对速度要求相对较高。不同选手在同一环境,使用同一球拍、同一种球,做下压突击动作,将球落点距底线距离通过测量得出数据,量化速度素质,能够更直观、更有效地表现出羽毛球选手击球速度大小,从而评价羽毛球选手的速度素质。另外,下压突击中的"下压"动作都具有一定的方向性且方向不同。从不同的击球方向体现羽毛球选手的速度素质,体现了速度素质的方向性。

(2)测量指标实施方案

①测量时间:2022年9月

②测量地点:某高校羽乒馆1号场地

③测量对象:某高校羽毛球队男子羽毛球学生100名。通过比赛排列出1~100人的名次,将排序好的100名羽毛球学生分成3组:第一组为前25%,即第1至第25名;第二组为26%~75%,即第26至第75名;第三组为76%~100%,即第76至第100名。然后用导出的素质指标对该100名学生进行数值指标测试。

④测量器材

a.场地:某高校羽乒馆二楼地板场地(符合国际羽毛球比赛专用标准);

b.球拍:保证每名同学使用的球拍的型号与实验之前使用的型号一样;

c.尤尼克斯AS-05羽毛球若干;

d.采用三维DLT测量法,用两台摄像机,拍摄频率为250赫兹;

e.爱捷三维标定仪一个,采光专用照明灯四台;

f.笔记本电脑两台;

g.斯波阿斯S4025智能立式羽毛球发球机一台;

h.20厘米标尺两条;

i.红色尼龙绳两根;

j.标记物两个。

(3)测量结果分析及评价

根据以上测量结果,得出下压突击出手瞬间速度描述统计量表,如下:

表5-3 下压突击出手瞬间速度描述统计量表

速度	N	极小值	极大值	均值	标准差
第一球速度	100	10	55	28.70	8.961
第二球速度	100	9	53	27.75	9.831
第三球速度	100	9	52	27.55	8.445

据下压突击出手瞬间速度描述统计量表显示,第一次击球的最快出

手速度为67米/秒,最慢出手速度为26米/秒,平均速度为42.61米/秒;第二次击球的最快出手速度为65米/秒,最慢出手速度为25米/秒,平均速度为42.15米/秒;第三次击球的最快出手速度为65米/秒,最慢出手速度为22米/秒,平均速度为42.03米/秒。

总体上,比赛排名靠前的选手出手速度更快;比赛排名靠后的选手出手速度较慢。每名受试者三次击球出手速度差异不大。

2. 扑球测量指标

(1)测量指标选取目的

扑球是当来球在网顶上方时,能以最快速度上网扑压弹击来球的技术动作,是羽毛球技术中有效的进攻手段。扑球以"快"为最主要特点,这体现在反应速度快,机会转瞬即逝;位移速度快,必须在球运行到最高点前结合蹬跨步或跨步上网;动作速度快,可一招制敌。

扑球是羽毛球技术中有效的进攻手段,它是追求通过最大限度地增加球速,让球迅速下落至对方半场得分或压制对手的一项技术。选择扑球这一指标,既能直观地体现球速,又能体现球员击球的动作速度。

选取"扑球"指标的目的还有以下几个方面:

第一,是评价的基础。选取扑球作为指标,确保了评价指标的典型代表性,相对准确地反应速度素质的特点——"快"的特征。指标的选取符合速度素质不同表现形式的特点。在确保指标选取符合速度素质特点的基础上,才能对速度素质进行科学、客观、全面、准确的评价。

第二,明确评价内容。扑球技术动作分为选位引拍、迎球挥拍、球拍触球、随势随挥几个过程,所有的过程必须保持连贯、一致才能打出预想的效果,任何一个环节的失误都可能会影响最终的效果。而对以上的分析,都建立在明确指标的基础之上。

第三,量化速度素质。不管是扑球还是下压突击,都对速度要求相对较高。不同选手在同一环境,使用同一球拍、同一种球,做扑球动作,球落点距离底线距离通过测量得出数据,量化速度素质,能够更直观、更有效地表现出羽毛球选手击球速度大小,从而评价羽毛球选手的速度素质。

(2)测量指标实施方案

①测量时间:2022年9月

②测量地点:某高校羽乒馆1号场地

③测量对象:某高校羽毛球队男子羽毛球学生100名。通过比赛排列出1~100人的名次,将排序好的100名羽毛球学生分成3组:第一组为前25%,即第1至第25名;

第二组为26%~75%,即第26至第75名;第三组为76%~100%,即第76至第100名。然后用导出的素质指标对该100名学生进行数值指标测试。

④测量器材

a.场地:某高校羽乒馆二楼地板场地(符合国际羽毛球比赛专用标准);

b.球拍:保证每名同学使用的球拍的型号与实验之前使用的型号一样;

c.尤尼克斯 AS-05 羽毛球若干;

d.采用三维DLT测量法,用两台日产SONY DXC-637摄像机,拍摄频率为250赫兹;

e.爱捷三维标定仪一个,采光专用照明灯四台;

f.笔记本电脑两台;

g.斯波阿斯S4025智能立式羽毛球发球机一台;

h.20厘米标尺两条;

i.红色尼龙绳两根;

j.标记物两个。

(3)测量操作过程

两台摄像机分别放置于运动员左侧前方和左侧水平稍前方,要求两台摄像机能完整地录进整个动作。摄像机高1.29米,两台摄像机的主光轴约成90°角,拍摄前后用三维空间框架进行标定,摄像机距框架远点距离为:A机11.5米,B机10.25米。AB机相距12.0米。A机高度1.37

米,B 机高度 1.37 米,框架中心距离地面 0.68 米,设置拍摄频率 250 赫兹,快门速度为 1/1000 秒。工作人员事先将发球机放置于受试者对侧底线,并设置好发球机发球高度、发球距离、发球角度等数值,使球准确飞行至受试者一侧的前场区域。被测者以准备姿势站在场地短发球线与双打长发球线之间(中前场固定标志物),准备好之后示意发球机发球,受试者快速上网完成扑球。当一次击球完成后,受试者需重新回到规定位置,做好击球准备时,再发下一颗球。每名被测者按以上规则进行三次击球。

(4)测量结果分析及评价

根据以上测量结果,得出扑球出手瞬间速度描述统计量表,如下:

表 5-4 扑球出手瞬间速度描述统计量表

速度	N	极小值	极大值	均值	标准差
前十球成功率(%)	100	30	100	59.60	14.559
后十球成功率(%)	100	20	80	44.10	12.878
总成功率(%)	100	25	85	52.05	8.445

据扑球出手瞬间速度描述统计量表显示,第一次击球的最快出手速度为 55 米/秒,最慢出手速度为 10 米/秒,平均速度为 28.70 米/秒;第二次击球的最快出手速度为 53 米/秒,最慢出手速度为 9 米/秒,平均速度为 27.75 米/秒;第三次击球的最快出手速度为 52 米/秒,最慢出手速度为 9 米/秒,平均速度为 27.55 米/秒。

总体上,比赛排名靠前的选手出手速度更快;比赛排名靠后的选手出手速度较慢。每名受试者三次击球出手速度差异不大。

第三节 专项耐衡素质训练的指标及评价

一、羽毛球专项耐衡素质概念

(一)耐衡的概念

耐衡素质指有机体在较长的时间内保持特定强度负荷或动作质量的能力,也是衡量运动员做某动作能坚持多久的一个指标。一般可从身体素质和意志两个方面来讲。

从身体素质来讲,耐衡包括两个方面,即肌肉耐衡和心血管耐衡。耐衡的提高不仅取决于人的发育水平,也和负荷要求有关。合乎规律的负荷训练可使肌肉、心肺、血液、免疫系统以及物质代谢调节出现适应现象。从意志来讲,耐衡是对现状及不利处境的一种忍耐,并在忍耐的过程中获取能量,寻求机会完成逆袭的一种精神能力。

耐衡素质与力量素质的结合,即力量耐衡;耐衡素质与速度素质的结合,即速度耐衡。

(二)羽毛球专项耐衡的概念

羽毛球专项耐衡素质就是现代羽毛球运动中需要发展的耐衡素质。结合现代羽毛球运动的发展趋势,可以从技术能力、身体能力、意识能力、意志品质能力等四个方面进行阐释。

1. 技术能力

无论是前场技术、中场技术、后场技术,还是正手技术、反手技术,羽毛球运动的各项技术动作都有自身的动作规范,这些不断变化发展的技术动作,可以说是经过科学研究和实践验证的最优击球选择。然而在比赛中,运动员会随着回合的增多、比赛的胶着而产生动作变形的情况,这也就大大折损了击球的效果,也会因回球不到位而被对手抓住机会,导致丢分甚至输掉比赛。专业的羽毛球运动员在体能充沛、不受干扰的情况下,完全有能力高效、规范地击球。羽毛球专项耐衡素质体现在技术能力上,就是衡量运动员在比赛中持续高效率击球的能力。运动员专项耐衡素质水平越高,能够维持高效率击球的时间也就越长。

2. 身体能力

虽然羽毛球是隔网运动,并非如同足球、篮球那般要求高强度的身体对抗,但作为一项竞技性体育运动,羽毛球对运动员的身体能力也有着极高的要求。在比赛中,从羽毛球规则入手,运动员需要搭配步法进行频繁且快速地移动,才能在球落地前将其击打至对方半场,同时为了加强进攻,运动员必须经常通过起跳完成"正手下压突击"动作来增强击球的杀伤力。即使是防守型打法的运动员,也需要积极地与对手相持,伺机而动完成节奏的变化。那么从身体能力角度来说,羽毛球专项耐衡素质就是运动员在比赛中,持续完成步法移动、起跳,以及与对手稳健相持的能力。运动员专项耐衡素质水平越高,能够维持高效率移动的时间也就越长,与对手相持的能力也就越强。

3.意识能力

羽毛球实战如同高手博弈,专业运动员特别是高水平运动员之间的比赛,由于双方都拥有扎实的基本功,因此决定胜负的往往不是技术层面,而是战术层面。这也就要求运动员在每一次击球前都要预判对手的击球线路,在短短的几秒内根据预判为自己提供最优的战术选择。然而随着比赛的深入、体能的下降,运动员的意识开始出现模糊,开始"下意识"地击球,这也就很容易让对方看出破绽,从而有针对性地进行战术部署。因此羽毛球专项耐衡素质从意识能力层面来说,要求运动员头脑清醒灵活、判断及时、善于捕捉漏洞,落点变化多、战术思想明确果断、打主导球而不被对手牵制。

4.意志品质能力

在双方实力相当的比赛中,往往更有"韧劲"的一方会赢得比赛。这也就体现了耐衡中的"耐"是忍耐的意思,比赛中先"泄气"的一方定会失败。因此羽毛球专项耐衡素质从意志品质能力层面来说,就是要求运动员坚定、自信、顽强。

二、羽毛球专项耐衡素质指标

(一)羽毛球专项耐衡素质专家访谈与探讨

本书的专家访谈法的要求:第一,这些专家在羽毛球教学、训练或科研方面有一定的经验和成果,符合羽毛球研究工作的科学性、严谨性和权威性。第二,要求所选的这些专家具有较强的言语表达能力,能准确地表达自己心里的想法,对羽毛球耐衡素质指标的确立做出合理的判断标准。第三,这些专家必须从事羽毛球教学、科研、训练等工作十年以上,或具有副教授以上职称,或具有羽毛球专业研究生以上学历。

通过专家访谈,总结专家意见,可得出以下结论:一分钟前后场交替击球成功率、一分钟左右交替推球成功率可以作为评价羽毛球专项力量素质的指标。一分钟前后场交替击球越多、准确率越高,耐衡素质越好;一分钟左右交替推球准确率越高,距底线距离越近,选手耐衡素质越好。

在上述基础上,确立一级指标、二级指标、三级指标。一级指标为身体素质——力量、速度、耐衡、灵敏、柔韧五项指标;二级指标为一分钟前后场交替击球、一分钟左右交替推球指标;三级指标为一分钟前后场交替击球成功个数、一分钟左右交替推球成功个数指标。在(理论层面)确立一级指标、二级指标、三级指标的基础上,对以上指标进行(实践层面)实验测量,进一步通过验证、强化确立上述指标。在得到准确指标数据的前提下,对指标进行科学、公正的评价。

在(理论层面)确立一级指标、二级指标、三级指标的基础上,对以上指标进行(实践层面)实验测量,进一步通过验证、强化确立上述指标。在得到准确指标数据的前提下,对指标进行科学、公正的评价。

(二)羽毛球专项耐衡素质指标确立与评价

1."前后场折返跑击球"测量指标

(1)测量指标选取目的

在一定的时间内"前后场折返跑击球"可以作为耐衡素质的衡量指标。根据选手前后场折返跑击球的成功率可以直观有效地看出选手的耐衡素质。

本研究选取"前后场折返跑击球"为指标选取的目的主要有以下几个方面:

第一,是评价的基础。选取"前后场折返跑击球"作为指标,确保了评价指标的典型代表性,相对准确地反映耐衡素质不同表现形式的特点。在确保指标选取符合耐衡素质特点的基础上,才能对耐衡素质进行科学、客观、全面、准确的评价。

第二,明确评价内容。"前后场折返跑击球"分前场步法和后场步法,由于发球的不确定性,还会用到左侧场区步法和右侧场区步法,每一次步法的失误都可能会影响最终的效果。而对以上的分析,都建立在明确指标的基础之上。

第三,量化耐衡素质。"前后场折返跑击球"对耐衡素质要求相对较高。不同选手在同一环境,使用同一球拍、同一种球,做击球动作,成功个数通过测量得出数据,量化耐衡素质,能够更直观、更有效地表现出羽毛球选手的耐衡素质。

(2)测量指标实施方案

①测量时间:2022年9月

②测量地点:某高校羽乒馆1号场地

③测量对象:某高校羽毛球队男子羽毛球学生100名。通过比赛排列出1~100人的名次,将排序好的100名羽毛球学生分成3组:第一组为前25%,即第1至第25名;第二组为26%~75%,即第26至第75名;第三组为76%~100%,即第76至第100名。然后用导出的素质指标对该100名学生进行数值指标测试。

④测量器材

a.场地:某高校羽乒馆二楼地板场地(符合国际羽毛球比赛专用标准);

b.球拍:保证每名同学使用的球拍的型号与实验之前使用的型号一样;

c.尤尼克斯AS-05羽毛球若干;

d.斯波阿斯S4025智能立式羽毛球发球机一台;

e.秒表一块;

f.标记物若干。

(3)"前后场折返跑击球"测量结果分析及评价

根据实验观测结果,进行以下分析。

①统计分析

在实验过程中,通过皮尺等测量工具评定出成功失败个数,根据成功个数与总击球数的比例测算出选手前后场折返跑击球成功率,根据以上实验记录结果得出以下统计表。

表5-5 成功率描述统计量表

成功率	N	极小值	极大值	均值	标准差
前十球成功率(%)	100	30	100	59.60	14.559
后十球成功率(%)	100	20	80	44.10	12.878
总成功率(%)	100	25	85	52.05	8.445

由表可知,前十球成功率最大值为100%,最小值为30%,平均值为59.6%;后十球成功率最大值为80%,最小值为20%,平均值为44.1%。从这一结果可以看出,前十球成功率高于后十球的成功率,随着体力的消耗,击球成功率也随之降低。

总之,比赛排名越靠前成功率越高,但人数较少;比赛排名越靠后,成功率越低,人数也较少;成功率越高,排名越靠前。深入来看,羽毛球运动员水平越高,耐衡素质越好。

②"前后场折返跑击球"指标专项耐衡素质的生物学评价

耐衡素质表现形式多种多样,分类方法不同,类别也不同。按表现形式的不同,耐衡素质可分为速度耐衡、力量耐衡、静力耐衡;按羽毛球运动直接关联的器官划分为呼吸系统耐衡、肌肉系统耐衡、全身耐衡;按羽毛球项目的精熟程度分为一般耐衡和专项耐衡;按能量供应角度分为有氧耐衡和无氧耐衡。

前后场折返跑接球成功率指标在测量的过程中将以上不同形式的耐衡素质表现出来,主要有速度耐衡、力量耐衡和有氧耐衡。

羽毛球运动员的速度耐衡从规律上看是对快速反复多次运动能力的衡量。"前后场折返跑击球"的过程中,不管是网前接球还是后场接球,速度耐衡都起到了主要作用。

前后场折返跑击后场球主要体现出选手的力量耐衡,将球从后场打到对方后场要求选手必须有足够强大的击球力量,这样的击球才能保证自己的后场技术不被对手找到破绽,从而针对性地攻击对方后场。因此,力量耐衡素质在击后场球的过程中起着至关重要的作用。

无论是进行有规则的羽毛球比赛还是一般性的羽毛球健身活动,人们都要在场地上不停地进行脚步移动、跳跃、转体、挥拍,合理地运用各种击球技术和步法将球在场上往返对击,从而增大了上肢、下肢和腰部肌肉的力量,加快了全身血液的循环,增强了心血管系统和呼吸系统的功能。据统计,大强度羽毛球运动者的心率可达到每分钟160~180次,中强度运动心率可达到每分钟140~150次,低强度运动心率也可达到每分钟100~130次。长期进行羽毛球锻炼,可使心跳强而有力,肺活量加大,耐久力提高。

随着专业化程度的加深,羽毛球选手每一个球的来回拍数在增多、比赛的时间也在延长(最长的可达120分钟),而且在这种反复多次的移动过程中还要完成各种技术动作,数百次的移动加上技术动作,不仅在开始时需要快速,而且在后面的技术动作中都要求快速,在要求速度的基础上,还要求选手有足够的体能从而能持续作战,因此研究有氧耐衡显得尤为重要。

从形式上看,各次反复的动作结构不一、形式多变;从节奏上看,各动作之间的间歇时间长短不一。特点的不同对应着供能的不同,快速的跑动表现出来的耐衡素质以磷酸原供能为主;反复的动作结构和间歇时间的长短不一表现出来的耐衡素质是有氧耐衡和无氧耐衡的结合,即磷酸原系统、糖酵解和有氧氧化三个系统参与供能的结合体。从单一的每一次击球来看,速度耐衡也就是磷酸原供能起着主要的作用;有氧耐衡是糖酵解和有氧氧化供能相结合体现出来的专项耐衡素质,从总体上看,有氧耐衡是整场羽毛球比赛的显著特征。从国际羽毛球运动发展的形式来看,科学技术的进步、战略战术的更新,技术越来越精湛纯熟,双方的击球回合越来越多,竞赛的时间也相对延长,有氧耐衡素质在羽毛球运动中也越来越重要了。

有氧耐衡素质不仅在中、小强度的技、战术运动中有至关重要作用,而且在打球的间歇也发挥着重要的作用。有氧耐衡素质好的选手,其恢复能力就好,恢复得好,运动的能力相对也就好。从总体的竞赛时间看,身体的恢复成了继续作战进而取得胜利的重要因素。

除此之外,糖酵解代谢底物、糖酵解酶的活性、乳酸的清除能力、神经系统稳定性是羽毛球耐衡素质的重要生理评价指标。运动员协调性以及运动员的心理素质等也会在一定程度上影响有氧耐衡素质的好坏。

2."左右交替推球"测量指标

(1)测量指标选取目的

在一定的时间内"左右交替推球"可以作为耐衡素质的衡量指标。根据选手"左右交替推球"的成功率可以直观有效地看出选手的耐衡素质。

本研究选取"左右交替推球"指标的目的还有以下几个方面。

第一,是评价的基础。选取"左右交替推球"作为指标,确保了评价指标的典型代表性,相对准确地反映耐衡素质不同表现形式的特点。在确保指标选取符合耐衡素质特点的基础上,才能对耐衡素质进行科学、客观、全面、准确的评价。

第二,明确评价内容。"左右交替推球"由于发球的不确定性,步法会用到左侧场区步法和右侧场区步法,每一次步法的失误都可能会影响最终的效果。以上的分析,都建立在明确指标的基础之上。

第三,量化耐衡素质。"左右交替推球"对耐衡素质要求相对较高。不同选手在同一环境,使用同一球拍、同一种球,做击球动作,成功个数通过测量得出数据,量化耐衡素质。

(2)测量指标实施方案

①测量时间:2022年9月

②测量地点:某高校羽乒馆1号场地

③测量对象:某高校羽毛球队男子羽毛球学生100名。通过比赛排列出1~100人的名次,将排序好的100名羽毛球学生分成3组:第一组为前25%,即第1至第25名;

第二组为26%~75%,即第26至第75名;第三组为76%~100%,即第76至第100名。然后用导出的素质指标对该100名学生进行数值指标测试。

④测量器材

a. 场地:某高校羽乒馆二楼地板场地(符合国际羽毛球比赛专用标准);

b. 球拍:保证每名同学使用的球拍的型号与实验之前使用的型号一样;

c. 尤尼克斯 AS-05 羽毛球若干;

d. 斯波阿斯 S4025 智能立式羽毛球发球机一台;

e. 秒表一块;

f. 标记物若干。

(3)测量操作过程

工作人员事先将发球机放置于受试者对侧中场,设置好发球机发球速度、发球角度等数值。向被测者左侧发 1 颗前场球,3 秒后向被测者右侧发 1 颗前场球,循环多次。被测者推直线球,计时 1 分钟。工作人员记录落点距底线的距离,以及完成的次数。

(4)测量结果分析及评价

根据实验观测结果,进行以下分析。

①统计分析

在实验过程中,通过皮尺等测量工具评定出成功失败个数,根据成功个数与总击球数的比例测算出选手左右交替推球成功率,根据以上实验记录结果得出以下统计表。

表 5-6 左右交替推球描述统计量表

成功率	N	极小值	极大值	均值	标准差
前十球成功率(%)	100	30	100	59.50	15.333
后十球成功率(%)	100	20	80	46.10	14.695
总成功率(%)	100	25	90	52.85	13.357

由表可知,前十球成功率最大值为 100%,最小值为 30%,平均值为 59.5%;后十球成功率最大值为 80%,最小值为 20%,平均值为 46.1%。从这一结果可以看出,前十球成功率高于后十球的成功率,随着体力的消耗,击球成功率也随之降低。

总体来说,比赛排名越靠前成功率越高,但人数较少;比赛排名越靠后,成功率越低,人数也较少;成功率越高,排名越靠前。也就是说,羽毛球运动员水平越高,耐衡素质越好。

②专项耐衡素质的生物学评价

"左右交替推球"技术指标所表现出来的专项耐衡素质形式主要有有氧耐衡素质、力量耐衡素质和速度耐衡素质等,这些不同形式的耐衡素质在"前后场折返跑击球"这一指标中有集中体现。在对有氧耐衡素质的生物学评价方面与"前后场折返跑击球"一致,这里不再赘述。

第四节 专项灵敏素质训练的指标及评价

一、羽毛球专项灵敏素质概念

(一)灵敏素质的概念

"灵敏"是一个正向的褒义词汇,既包括了出色的身体素质,即敏捷,也包括了出色的思维能力和技、战术理解能力,即聪敏。灵敏既可指具有容易受影响或受感动的能力,能够显示微小差别,也指头脑机灵。

灵敏首先是身体活动上的灵敏,可以在最短的时间内做出反应动作,且这些动作往往是不经过大脑思考的下意识反应;其次是思维的灵敏,能够根据身边转瞬即逝的变化作出相应的思维反应,并能够指导自身的身体运动。

灵敏素质是指人体在各种突然变化的条件下,能够迅速、准确、协调、灵活地完成动作的能力,是人各种运动技能和身体素质在运动中的综合表现。

(二)羽毛球专项灵敏素质的概念

首先,"灵敏"是一个非常具有东方色彩的词汇,它所表达的更多的是一种境界。这种境界正是中国乃至亚洲羽毛球发展过程中一直在追求的。很多时候,羽毛球专项灵敏素质和羽毛球专项速度素质有一定的相似之处,但在本质上却是不同的。速度的快慢更多的是倾向于身体技能方面,或者说是运动员通过刻苦训练可以达到的。而灵敏代表着一种天赋,即使可以通过训练去提高,但更多的时候,需要的是通过整体身体素质的提高来带动灵敏素质的提高。灵敏素质是指人体通过视觉器官在各种复杂的条件下,经过大脑思维后快速、协调、准确、灵活地完成动作的能力。灵敏素质的好坏取决于大脑思维反应过程和大脑对肢体的支配能力。在羽毛球运动实践中,灵敏素质与速度素质的最大区别在于,"灵敏"代表着一种预判。

羽毛球运动是一项非周期性的复杂的运动,练习者在场上的每一个动作,都要经过感知、大脑的分析、支配肢体去完成,而这一系列动作恰是练习者灵敏素质的表现。因此,提高练习者的灵敏素质是掌握羽毛球技术、提高竞技能力、取得优异成绩的重要一环。

1. 羽毛球专项反应灵敏

反应灵敏体现的不仅仅是思维运转的迅速,更多的是体现了一种巧妙地选择。直观体现就是,在双方实力相当的比赛中,往往灵敏素质高的运动员打球更"活",技、战术选择更多变且恰到好处。

2. 羽毛球专项动作灵敏

动作灵敏可以被看作身手敏捷。我们在上文中把羽毛球专项速度素质中的动作速度理解为羽毛球运动员在比赛中做出合理、有效击球动作的速度。为了不让二者的概念混淆,在动作灵敏素质的阐述上,我们往往是将比赛情景限定为被动接球,尤其是在距离球网更近的位置接对方的正手下压突击球、扑球等速度较快的来球。因此,动作灵敏是指运动员在相对被动的条件下,迅速地调动身体接球,并能够将球有效地击至对方半场。

二、羽毛球专项灵敏素质指标

(一)羽毛球专项灵敏素质专家访谈与探讨

专家经验丰富,能提出较多的意见和想法。这类专家或从事某项工作的时间比较长,积累的经验比较多;或对这项工作有特殊的兴趣和爱好,长期细致地研究这项工作的性质、内容、意义、原因、结果、方法、对象等,积累了许多经验;或者对这类工作的各种特点非常熟悉,对于某一领域有独到的见解。

对于羽毛球专项素质指标的确立来说,本书所指的专家访谈法是有代表性地搜集经验丰富的专家意见和想法,研究者利用这些意见和想法作为羽毛球专项灵敏素质指标确立的参考依据之一。本研究选择专家的要求:第一,在羽毛球教学、训练或科研方面有一定的经验和成果,符合羽毛球研究工作的科学性、严谨性和权威性;第二,具有较强的言语表达能力,能准确地表达自己心里的想法,对羽毛球灵敏素质指标的确立做出合理的判断;第三,从事羽毛球教学、科研、训练等工作十年以上,或具有副教授以上职称,或具有羽毛球专业研究生以上学历。

为确立羽毛球专项灵敏素质指标,编写组对专家进行了访谈。通过专家访谈,总结专家意见,得出以下结论。

第一,"两腰接杀""全场不定点多球"可以作为评价羽毛球专项灵敏素质的指标;"两腰接杀"成功率可以作为羽毛球专项灵敏素质的衡量标准。

第二,"全场不定点多球"成功率能够作为羽毛球专项灵敏素质的衡量标准。

根据以上访谈结果,确立了一级指标、二级指标、三级指标。一级指标为羽毛球运动;二级指标为身体素质;三级指标为力量、速度、耐衡、灵敏、柔韧五项指标中的灵敏指标;四级指标为"两腰接杀""全场不定点多球"灵敏素质评价指标。在此基础上,对以上指标进行实验测量,进一步通过验证、强化确立上述指标。在得到准确指标数据的前提下,对指标进行科学、公正的评价。

(二)羽毛球专项灵敏素质指标确立与评价

1."两腰接杀"测量指标

(1)指标选取目的

从概念上(形式)来看,灵敏素质包含羽毛球专项灵敏素质;从内容上看,羽毛球专项灵敏素质包含灵敏素质。在羽毛球专项灵敏素质中,蕴含着共性与个性的辩证哲理。灵敏素质表现形式有多种,如折返跑等。但这些素质与羽毛球这项运动不直接相关,因此不是羽毛球专项灵敏素质(很多项目从生理生化指标角度来说,与羽毛球项目相关,但从专项球理、球感、球性等方面来说却毫无相关)。因此,仅从与"外部"的其他项目做简单的比较而得来的指标没有可采纳的理论与实践依据。

此外,本研究选取"两腰接杀"指标的目的还有以下几个方面:

第一,是评价的基础。选取"两腰接杀"为指标,确保了评价指标的典型代表性,相对准确地反映了灵敏素质的方向性、复杂性、随机性等综合特征。指标的选取符合灵敏素质不同表现形式的特点。在确保指标选取符合灵敏素质特点的基础上,才能对灵敏素质进行科学、客观、全面、准确的评价。

第二,明确评价内容。从整体上看,确立指标是后续事件发生的物质基础,指标确立后才会有指标的测量、评价和应用等过程;从局部来看,由于正手下压突击球方向具有随机性(向左正手下压突击球、向右正手下压突击球是不确定的),"两腰接杀"则较为明确地反映了选手大脑反应快慢、身体做出的瞬间转体快慢,每一个过程的延迟或不充分都可能会影响最终的效果。而对以上整体或局部的分析,都建立在明确指标的基础之上。

第三,量化灵敏素质。指标选取之后。使得本研究可操作、可量化。从而保证研究的科学性和严谨性。对于"两腰接杀"来说。通过落点得出不同选手击球成功和失败的数据,量化灵敏素质,能够更直观、更有效地表现出羽毛球选手灵敏性的好坏,从而评价羽毛球选手的灵敏素质。

(2)测量指标实施方案

①测量时间:2022年9月

②测量地点:某高校体育馆西侧场地

③测量对象:某高校羽毛球队男子羽毛球学生100名。通过比赛排

列出1～100人的名次,将排序好的100名羽毛球学生分成3组:第一组为前25%,即第1至第25名;第二组为26%～75%,即第26至第75名;第三组为76%～100%,即第76至第100名。然后用导出的素质指标对该100名学生进行数值指标测试。

④测量器材

a.场地:某高校体育馆西侧场地(符合国际羽毛球比赛专用标准);

b.球拍:保证每名同学使用的球拍的型号与实验之前使用的型号一样;

c.尤尼克斯AS-05羽毛球若干;

d.斯波阿斯S4025智能立式羽毛球发球机一台;

e.标记物若干。

(3)测量操作过程

被测者站立于双打长发球线与双打短发球线中间区域做好准备,示意发球机发球。发球机快速发下压球于被测者腰部位置,被测者回球方向不限,但必须为有效球,发球间隔为3秒,正反手各发3次球,测量人员记录被测者回球成功次数。

(4)测量结果分析及评价

根据实验观测结果,进行以下分析。

①统计分析

在实验过程中,通过皮尺等测量工具评定出成功失败个数,根据成功个数与总击球数的比例测算出选手"两腰接杀"成功比率。根据以上实验记录结果做出统计。

表5-7 "两腰接杀"成功率描述统计量表

成功率	N	极小值	极大值	均值	标准差
正手成功率	100	0	100	55.44	28.249
反手成功率	100	0	100	58.34	29.861

根据统计表中可以得出,100名羽毛球选手在被动情形之下在两腰接正反手下压突击球,正手成功率最高为100%,最低为0,平均值为

55.44%,波动值为28.25;反手成功率最高为100%,最低为0,平均值为58.34%,波动值为29.86。

②羽毛球专项灵敏素质的经济性、实效性、专业性分析

经济性——体能、时间、空间等方面的节约。从对方击球到球落地这一过程在时间上只有一瞬间,因此时间是有限的。从对方球拍触球到球落地这一过程在空间上是有限的,即羽毛球所行轨迹(距离)在空间上是有限的。选择最佳的击球方式,控制手指、手腕、手臂、躯干、下肢的转动(扭动)速度、幅度和角度,不仅是对体能的节约,也是对空间、时间的节约。

就"两腰接杀"动作来说,在面对速度极快的正手下压突击球时,选手在被动的情况下接球,必须节约时间、空间(手指捻动、躯干左倾或右倾都是节约空间的不同表现形式),以最简单的动作回球,回球尽可能产生让对手处于被动的效果。

实效性——以最小的代价为己方获得最大的优势(效果)。

专业性——流畅、有节奏、有目的、动作规范地击球。

③定量评价标志

羽毛球专项灵敏素质在比赛中的运用可以起到缩短时间、缩小空间的作用。"接正手下压突击球"可抢占时间,以速度来控制、缩小空间,提升了速度也就占有了有利的空间。

如何提升速度?因为球的速度是靠人来支配的,人的挥拍速度传递给球以增加球的速度,人是靠握拍方式来改变挥拍速度的,由长握拍法变成短握拍法就能使拍的半径缩短,加大了角速度。提升击球速度、改变挥拍方式就是"接正手下压突击球"技术的定量评价标志。

④成果归因结论

因此,"接正手下压突击球"原理的精髓就是要抢占速度上、方式上的优势,靠速度争取空间、靠方式争取时间,逼迫对方向后退、下手位击球而取得优势乃至胜势。

2."全场不定点多球"测量指标

(1)测量指标选取目的

从概念上(形式)来看,灵敏素质包含羽毛球专项灵敏素质;从内容上

看,羽毛球专项灵敏素质包含灵敏素质。在羽毛球专项灵敏素质中,蕴含着共性与个性的辩证哲理。灵敏素质表现形式有多种,例如折返跑等。但这些素质与羽毛球这项运动不直接相关,因此不是羽毛球专项灵敏素质。很多项目从生理生化指标角度来说,与羽毛球项目相关,但从专项球理、球感、球性等方面来看却毫无相关。因此,仅从与"外部"的其他项目做简单的比较而得来的指标没有可采纳的理论与实践依据。

此外,本研究选取"全场不定点多球"指标的目的还有以下几个方面。

第一,是评价的基础。选取"全场不定点多球"为指标,确保了评价指标的典型代表性,相对准确地反映了灵敏素质方向性、复杂性、随机性等综合特征。指标的选取符合灵敏素质不同表现形式的特点。在确保指标选取符合灵敏素质特点的基础上,才能对灵敏素质进行科学、客观、全面、准确的评价。

第二,明确评价内容。从整体上看,确立指标是后续事件发生的物质基础,指标确立才会有指标的测量、评价和应用等过程;从局部来看,由于发球方向的随机性(向左发球、向右发球是不确定的),"全场不定点多球"则较为明确地反映了选手大脑反应快慢、身体做出的瞬间转体快慢,每一个过程的延迟或不充分都可能会影响最终的效果。而对以上整体或局部的分析,都建立在明确指标的基础之上。

第三,量化灵敏素质。指标选取之后,使得本研究可操作、可量化,从而保证研究的科学性和严谨性。对于"全场不定点多球"来说,通过落点得出不同选手击球成功和失败的数据,量化灵敏素质,能够更直观、更有效地表现出羽毛球选手灵敏性的好坏,从而评价羽毛球选手的灵敏素质。

(2)测量指标实施方案

①测量时间:2022年9月

②测量地点:某高校羽乒馆1号场地

③测量对象:某高校羽毛球队男子羽毛球学生100名。通过比赛排列出1~100人的名次,将排序好的100名羽毛球学生分成3组:第一组为前25%,即第1至第25名;第二组为26%~75%,即第26至第75名;第三组为76%~100%,即第76至第100名。然后用导出的素质指标对

该 100 名学生进行数值指标测试。

④测量器材

a. 场地:某高校羽乒馆二楼地板场地(符合国际羽毛球比赛专用标准);

b. 球拍:保证每名同学使用球拍的型号与实验之前使用的型号一样;

c. 尤尼克斯 AS－05 羽毛球若干;

d. 斯波阿斯 S4025 智能立式羽毛球发球机一台;

e. 幕布一块;

f. 标记物若干。

⑤测量操作过程

测试人员在球网中间遮一块幕布使得被测者无法判断来球方向,设置发球机为随机发球模式,发球间隔为 3 秒。被测者做好准备后示意发球,被测者回球方向不限,但必须为有效球,发球机发 3 次球为一个回合,被测者每人完成 1 个回合。

(3)测量结果分析及评价

根据实验观测结果,进行以下分析。

①统计分析

在实验过程中,通过皮尺等测量工具评定出成功失败的个数,根据成功的个数与总击球数的比例测算出选手"全场不定点多球"成功的比率,根据以上实验记录结果做出以下统计。

表 5－8 "全场不定点多球"第一球成功率统计表

	频率	百分比	有效百分比	累积百分比
成功	61	61.0	61.0	61.0
失败	39	39.0	39.0	39.0
合计	100	100.0	100.0	100.0

表 5－9 "全场不定点多球"第二球成功率统计表

		频率	百分比	有效百分比	累积百分比
有效	成功	68	68.0	68.0	68.0
	失败	32	32.0	32.0	100.0
	合计	100	100.0	100.0	

表 5－10 "全场不定点多球"第三球成功率统计表

		频率	百分比	有效百分比	累积百分比
有效	成功	59	59.0	59.0	59.0
	失败	41	41.0	41.0	100.0
	合计	100	100.0	100.0	

表 5－11 "全场不定点多球"成功率描述统计表

	N	极小值	极大值	均值	标准差
成功率	100	0	100	63.04	28.110
有效的 N(列表状态)	100				

②羽毛球专项灵敏素质的经济性、实效性、专业性分析

经济性——体能、时间、空间等方面的节约。从对方击球到球落地这一过程在时间上只有一瞬间，因此时间是有限的。从对方球拍触球到球落地这一过程在空间上是有限的，即羽毛球所行轨迹（距离）在空间上是有限的。选择最佳的击球方式，控制手指、手腕、手臂、躯干、下肢的转动（扭动）速度、幅度和角度，不仅是对体能的节约，也是对空间、时间的节约。

于"全场不定点接球"动作来说，在面对不同形式的球时，选手在被动的情况下接球，必须节约时间、空间（手指捻动、躯干左倾或右倾都是节约空间的不同表现形式），以最简单的动作回球，回球尽可能产生让对手处于被动的效果。

实效性——以最小的代价为己方获得最大的优势（效果）。

专业性——流畅、有节奏、有目的、动作规范地击球。

③定量评价标志

羽毛球专项灵敏素质在比赛中的运用可以起到缩短时间、缩小空间的作用。如何提升速度？因为球的速度是靠人来支配的，人的挥拍速度传递给球以增加球的速度，人是靠握拍方式来改变挥拍速度的，由长握拍法变成短握拍法就能使拍的半径缩短，加大了角速度。提升击球速度、改变挥拍方式就是"接全场不定点多球"技术的定量评价标志。

④成果归因结论

因此，接全场不定点多球的原理精髓就是要抢占速度上、方式上的优

势,靠速度争取空间、靠方式争取时间,逼迫对方向后退、下手位击球而取得优势乃至胜势。

第五节　专项柔韧素质训练的指标及评价

一、羽毛球专项柔韧素质概念

"柔韧"是一个非常符合东方审美的词汇,柔性与韧性的巧妙结合,衍生出一种以柔克刚、以韧制强的追求。

"柔"与"韧"与"刚"三者的辩证关系恰恰是羽毛球运动中关于力量与柔韧的关系,三者既能此消彼长又能共生共存。柔韧不仅仅是一种身体素质,更是一种突破自我的价值追求。

(一)柔韧的概念

柔韧释义为柔软而有韧性。柔韧在运动中主要是指人体关节在不同方向的活动幅度,关节韧带、肌肉与肌腱等软组织的伸展能力和弹性,即一是机体各关节的活动角度与范围,二是关节包裹肌肉、韧带等软组织的伸展性。良好的柔韧素质能够提高运动机体的协调能力,从而提高运动水平与运动成绩。

(二)羽毛球专项柔韧素质的概念

几乎所有的竞技体育项目,都离不开关节、韧带、肌肉、肌腱等软组织的相互配合。比如篮球运动中的急停、变向动作,足球运动中的拉球、停球动作,排球运动中的垫球动作,都离不开柔韧素质。可以说,柔韧素质是几乎所有体育项目中必不可少的身体素质之一。羽毛球比赛中,双方选手需要在本方一侧场地内完成多种技术动作组合。高水平运动员的击球速度快,落点刁钻,要想在短时间内完成有效地击球,必须开发关节在不同方向的活动幅度的能力、各个关节韧带能力、肌肉与肌腱等软组织的伸展能力。羽毛球专项柔韧素质是羽毛球运动中一项十分重要的素质。因此我们可以把羽毛球专项的柔韧素质看作羽毛球运动员为了扩大自身接球面积而拉伸肌肉与肌腱等软组织的能力,以及为了快速向不同方向的移动、增加活动幅度而开发的关节韧带能力。

二、羽毛球专项柔韧素质指标

(一)羽毛球专项柔韧素质专家访谈与探讨

对于羽毛球专项素质指标的确立,本书采用了一些专家的访谈法,这些专家均在羽毛球教学、训练或科研方面有一定的经验和成果,符合羽毛球研究工作的科学性、严谨性和权威性,且具有较强的言语表达能力,能准确地表达自己心里的想法,确立了羽毛球灵敏素质指标的判断标准。此外,他们都从事羽毛球教学、科研、训练等工作十年以上,或具有副教授以上职称,或具有羽毛球专业研究生以上学历。

为确立羽毛球专项柔韧素质指标,对专家进行访谈。通过专家访谈,总结专家意见,得出以下结论。

第一,"两腰接杀"可以作为评价羽毛球专项柔韧素质的指标。

第二,"两腰接杀"成功率能够作为羽毛球专项柔韧素质的衡量标准。

根据以上结论,确立一级指标、二级指标、三级指标。一级指标为身体素质——力量、速度、耐衡、灵敏、柔韧五项指标;二级指标为"两腰接杀"柔韧素质评价指标;三级指标为"两腰接杀"的成功率。

在(理论层面)确立一级指标、二级指标、三级指标的基础上,对以上指标进行(实践层面)实验测量,进一步通过验证、强化确立上述指标。在得到准确指标数据的前提下,对指标进行科学、公正的评价。

(二)羽毛球专项柔韧素质指标确立与评价

1."两腰接杀"测量指标

(1)测量指标选取目的

本研究选取"两腰接杀"指标的目的有以下几个方面:

第一,是评价的基础。选取"两腰接杀"为指标,确保了评价指标的典型代表性,相对准确地反映柔韧素质不同表现形式的特点。在确保指标选取符合柔韧素质特点的基础上,才能对柔韧素质进行科学、客观、全面、准确的评价。

第二,明确评价内容。从整体上看,确立指标是后续事件发生的物质基础,指标确立才会有指标的测量、评价和应用等过程。从局部来看,选手按照规定站在本方中点,发球机发出的球靠近边线一侧,"两腰接杀"较为明确地反映了选手髋部跨度大小。对以上整体或局部的分析,都建立在明确指标的基础之上。

第三,量化柔韧素质。对于"两腰接杀"来说,不同选手击球成功和失败通过落点得出数据,量化柔韧素质。柔韧素质是一个抽象的概念,只能通过间接的形式——击球后的效果反映羽毛球选手柔韧性的好坏,从而评价羽毛球选手的柔韧素质。

(2)测量指标实施方案

①测量时间:2022年9月

②测量地点:某高校羽乒馆1号场地

③实施测量对象:某高校羽毛球队男子羽毛球学生100名。通过比赛排列出1~100人的名次,将排序好的100名羽毛球学生分成3组:第一组为前25%,即第1至第25名;第二组为26%~75%,即第26至第75名;第三组为76%~100%,即第76至第100名。然后用导出的素质指标对该100名学生进行数值指标测试。

④测量器材

a.场地:某高校羽乒馆二楼地板场地(符合国际羽毛球比赛专用标准);

b.球拍:保证每名同学使用的球拍的型号与实验之前使用的型号一样;

c.尤尼克斯AS-05羽毛球若干;

d.斯波阿斯S4025智能立式羽毛球发球机一台;

e.标记物若干。

被测者站立于双打长发球线与双打短发球线中间区域做好准备,示意发球机发球。发球机快速发下压球于被测者腰部位置,被测者回球方向不限,但必须为有效球,发球间隔为3秒,正反手各发3次球,测量人员记录被测者回球成功次数。

(3)测量结果分析及评价

根据测量结果,得出"两腰接杀"统计成功描述表,如下:

表 5-12 "两腰接杀"成功率描述统计量表

	N	极小值	极大值	均值	标准差
正手成功率	100	0	100	55.44	28.249
反手成功率	100	0	100	58.34	29.861
有效的 N(列表状态)					

从上述统计表中可以看出,100 名羽毛球选手正手"两腰接杀"成功率极大值为 100%,极小值为 0,平均值为 55.44%;反手"两腰接杀"成功率极大值为 100%,极小值为 0,平均值为 58.34%。根据以上结果,从以下角度对选手柔韧素质进行评价。

①动力学角度——羽毛球选手柔韧素质在"两腰接杀"过程中的受阻情况。羽毛球选手在击球过程中,柔韧素质体现在不同程度上受身体内在阻力和外在阻力的影响。外在阻力是指服装限制、空气阻力、击球的反作用等阻力;内在阻力是指肌肉在没有完全"预热"的状态下的牵拉阻力。

A. 选手服装

从羽毛球运动的发展来看,选手的服装呈现出越来越精简的趋势。当今的羽毛球运动在服装设计上以简洁、简短为主要特点;在服装材质上以轻盈、吸汗材质为主要选材标准。

服装上的变化主要原因在于减少运动中的负重和阻力。臃肿烦琐的服装在一定程度上制约运动员技术水平的发挥。过紧的服装会限制髋、膝、踝、肩、肘、腕关节的屈伸、内收外展等动作的发挥,在一定程度上限制韧带肌腱的拉伸,柔韧素质不足会对高难度、大力量击球动作的发挥产生直接影响,同时也会阻碍力量、速度、耐衡素质。另外,柔韧素质的不足容易造成运动损伤,尤其是对快速、有力的动作影响更大,这在步法方面及突击下压、快打等部分技术方面表现得尤为突出。

B. 空气阻力

空气阻力又由摩擦阻力、正面阻力、涡流阻力三部分组成。

摩擦阻力:羽毛球在空气流体中飞行,由于羽毛球自身构造的材料黏滞性及空气黏滞性,导致一部分空气附着在羽毛球的表面层上,这层空气由于附着在球体表面,它和球的运行速度一样,而离球表面越远的空气层其速度依次递减,速度快的空气层使邻近速度相对慢的空气层加速,这样就不断地消耗了羽毛球飞行的动能,使其飞行速度逐渐地降低,这就是空气摩擦阻力对球体的作用。

正面阻力:羽毛球选手在球场上运动时,其所受的阻力永远跟其正面相反,其正面所受的空气压力,即"正面阻力",也俗称为"迎面阻力"。

涡流阻力:身体结构的复杂性使附着在身体表面空气层的流动产生附面层分离现象,附面层分离原因受身体结构及空气黏滞性的影响,黏滞性越大分离现象越小,它直接左右着身体周围的空气流动,身体在运动过程中被排挤开的空气阻流与空气回流之间形成非流线的速度间断面,且间断面不稳定,随时都在变化,使得间断面两边的气流形成大小不等的一个个涡流,涡流被外部阻流挤压冲击推向球后形成身体后部的漩涡尾流区。

就羽毛球选手而言,涡流阻力的大小取决于身高、体重等因素。由于涡流阻力受物体结构主要是外部形状结构影响很大,所以涡流阻力又俗称为"形状阻力"。由于正面阻力和涡流阻力都是因身体运动时前面与后面的压力不同形成的,所以又将该两部分阻力称为"压差阻力"。综上,我们将选手运动时所受的阻力归纳为服装与人的"摩擦阻力"和"压差阻力"。

C.机体阻力

骨骼肌在受到外力牵拉或负重时可被拉长,这种特性称为"伸展性"。骨骼肌除了具有伸展性的特性之外,还有弹性特性。选手做"跨一步击球"动作时,髋关节所连接肌肉被拉长,骨骼肌表现出伸展性的特性;选手恢复原位后,肌肉长度逐渐恢复,表现出弹性特性。但"跨一步击球"回位后与髋关节连接的相关肌肉长度不能立即恢复,这是由于髋骨和股骨所连接肌肉在被拉长或收缩时,肌浆内各分子之间的摩擦力作用造成的,这种分子之间的摩擦作用在生理学上被称为"骨骼肌的黏滞性"。所以,骨骼肌在"跨一步击球"过程中表现出来的物理特性——伸展性、弹性、黏滞性,是机体产生的内部阻力。研究表明,骨骼肌的物理特性受温度的影响较大。以"跨一步击球"动作作为分析对象,当温度下降时,连接胯骨和股骨的肌肉肌浆内各分子间的摩擦力加大,相关联的肌肉的黏滞性增加,伸展性和弹性下降;当温度升高时,连接胯骨和股骨的肌肉黏滞性下降,伸展性和弹性增加。在做实验之前,要求选手做好充分准备活动(20分钟热身活动),使肌肉温度升高降低黏滞性,提高肌肉伸展性和弹性,有利于被试者运动水平的发挥。

②运动损伤角度

柔韧素质往往与运动损伤结合在一起。羽毛球的运动损伤主要包括肩部部位损耗、肘部部位损耗、腕部部位损耗、髋部部位损耗、膝部部位损耗、踝部部位损耗等。柔韧素质在羽毛球训练和比赛中往往能够发挥保护球员免受伤病的作用。以下主要就肩部损伤来说明羽毛球的运动损伤。

在进行羽毛球运动的过程中,极易发生肩部软组织损耗,其中以肩袖损耗为最多见,大约有80%的肩部损害属于此种性质的损耗(其他损耗主要为肱二头肌长头肌腱腱鞘炎)。肩关节外面有肌肉包裹,它可分为两层,外层为三角肌,内层即肩袖(或称"腱袖"),两层之间有一滑囊,称为"肩峰下滑囊"或"三角肌下滑囊"。肩袖系由四块短的、司肱骨旋转活动的肌肉,即冈上肌、冈下肌、小贺肌和肩胛下肌组成,它们都起始于肩胛骨,远端都附着于肱骨外髁颈的周围——肱骨大节、小结节及其附近,其肌腱扁宽,似袖口样地包裹于肱骨上端,因而称之为"肩袖"或"腱袖"。肩袖的部分腱组织与肩关节囊、肩峰下滑囊的纤维层交织在一起。肩袖肌除有旋转肩关节的功能外,还有悬吊肱骨、稳定肱骨头、加强和保护肩关节,以及协助肩关节外展上臂的功能。

肩袖损耗主要是指肩袖肌腱炎,其中以冈上肌肌腱炎为最多见。由于前述的生理解剖上的一些特点,肩袖肌腱炎有时可能犯及肩峰下滑囊,从而合并发生滑囊炎。在羽毛球运动员中,肩袖损耗约占整个羽毛球运动损耗的14%左右。

肩袖损耗的发生,一部分患者是因一次急性损耗而引起,并由于未及时、合理、彻底地治疗而继续受损,以致逐渐转变为慢性损耗;一部分患者可无明显外伤史,是因为局部负荷过度,肩袖肌腱受到多次、反复的磨研或牵扯,使其微细损耗、逐渐损耗和退行性变而引起。此外,技术动作存在问题或有错误,准备运动不充分,肩带肌肉力量发展较差,肩关节的柔韧性不佳或肩关节周围软组织的伸展性发展不平衡等因素,也是引起肩袖损耗的一些因素。

肩部损耗的表现主要包括以下几个方面:

A. 肩痛

除急性和严重损耗病例肩痛较为剧烈、敏锐,疼痛范围也较广泛些,甚至可能向三角肌部或颈根部放射,大多数病例疼痛位于肩外侧的肩峰或大结节附近。在肩关节外展或同时伴有旋转运动时,往往出现疼痛或疼痛加重。

B. 痛弧

在肩关节主动或被动外展在 60°～120°的弧度内出现疼痛,超越 120°后疼痛即减轻甚至消失,当肩内收放下到 120°～60°之间时,疼痛又出现。这是诊断肩袖损耗,特别是冈上肌损耗的一个重要征象。

C. 压痛

主要的压痛部位在肱骨大结节或肩峰下的间隙中。伴有肩峰下(三角肌下)滑囊炎者,压痛范围较广泛。

D. 肌肉抗阻痛阳性

患者做肩关节外展外旋用力动作,会给以一定的阻力作对抗(内收内旋),出现疼痛者为阳性。

E. 肿胀

慢性病例多不明显,急性患者可有局部肿胀,若滑囊被波及,往往肿胀广泛且较明显。

F. 肌肉和关节运动功能障碍

慢性病例有三角肌、冈上肌萎缩,肩部无力,在做举臂下压突击动作时发生肩软或失手现象。急性患者或有急性滑囊炎者,三角肌可发生痉挛,关节运动受限明显。

第六章 羽毛球专项运动的心理特征与心理训练

第一节 教学训练的心理学基础

羽毛球运动参与者的心理与其教学训练之间的关系是一种双向影响的关系,即参与者的心理发展水平和羽毛球运动教学训练的心理促进功能紧密关联、相互依赖、相互作用,构成了教学训练的重要心理学基础。

首先,参与者的心理发展水平制约着羽毛球运动教学训练目标、内容、方法、手段及运动负荷等的选择与安排,教学训练必须符合参与者的年龄、性别、个性心理特征和专项心理能力,不得脱离他们的心理水平任意选取。另外,练习者参与教学训练的心理动力强弱,注意力是否集中,能否调控情绪,意志品质是否顽强等心理因素,直接影响着他们运动教学训练与竞赛活动参与的投入程度、坚持性及效果。

由于羽毛球运动专项的特点所致,其教学训练对于参与者的心理发展有着特殊的影响,对练习者的运动感知、动作技能、反应速度、思维敏捷性、注意集中、情绪丰富与调控、意志品质、个性与社会适应等心理与行为的发展有着独特的锻炼价值。

羽毛球运动的教学训练在全面把握和遵循参与者心理特点的基础上,充分发挥自身特有的功能,有目的、有计划地组织实施,就能够使得练习者的身体、心理、技术和战术水平沿着预定的方向、按照设想的速度、朝着特定的水平发展,有效地实现教学训练目标。

一、制约教学训练的心理因素

(一)心理动力

影响教学训练效果其中一个主要的因素是运动员参与羽毛球教学训练的自觉性、主动性和积极性,运动员的动机、态度、兴趣和习惯等是心理动力的重要组成成分。羽毛球世界冠军孙俊指出,没有运动员训练的自觉性、积极性,就谈不上训练的质量,更谈不上优异成绩的取得。明确的训练目的,是当今任何一位有成就的运动员都应必备的元素。他们所取得的成绩与他们自觉积极、创造性地进行训练有着紧密的联系。

羽毛球技术教学训练中,运动员必须反复完成某一单一枯燥的动作,同时还要承受一定的甚至是超强度的运动负荷,克服长时间练习造成的身心疲惫和各种各样的困难,适应越来越激烈的竞争及其带来的心理压力。这些都要求运动员能够正确认识到参与羽毛球教学训练的目的和价值,端正教学训练态度,培养和保持对羽毛球运动的兴趣,养成良好的练习习惯,激发起自身内部的心理动力,充分调动心理和身体能量,挖掘身心潜能,自觉、主动、积极地投入教学训练之中,保证教学训练的质量和效果。

(二)运动—认知能力

运动—认知能力指的是在以肌肉收缩为主要特征的运动活动过程中个体的认识活动的表现水平,其中包括运动感知、运动表象、动作记忆、战术思维、专项运动意识和运动注意等能力。练习者当前所拥有的一般和羽毛球专项运动—认知能力是制约教学训练的又一主要心理因素。

羽毛球运动的技术种类繁多,仅网前就有搓、推、勾、挑、扑、封网等技术,作为练习者要全面掌握、熟练运用。如果练习者的运动感知能力低,体会不到手指、手腕、前臂肌肉用力地感觉,建立不起应有的动作表象和记忆,储存不了动作完成信息,战术思维迟钝,羽毛球专项运动意识差,理解不了教师、教练员的指导,就无法按要求去练习、比赛,教学训练的效果也势必受到影响。相反,如果练习者的运动—认知能力较强,技术动作掌握得准确,教学训练的任务就能够较顺利地完成。

面对不同水平运动—认知能力的练习者,教师和教练员的教学训练安排要符合他们的能力,根据他们的水平制定和选择练习内容与方法,提出的要求要因"能力"而异,使各种水平的练习者通过教学训练都能有所收获。

(三)年龄、性别和个性心理特征

人的心理随年龄的增长而发生变化,表现出不同年龄阶段的心理特征。由于生理和社会因素的影响,男、女之间存在着心理和行为上的差异。在相同年龄和性别的个体之间,由于遗传和成长环境的影响,还会在需要、兴趣、态度、习惯以及能力、气质、性格等方面表现出不同的个性心理特征,使练习者在独立性或顺从性上,在理智性、情绪性与意志性上,在内向和外向上,在心理和行为反应的速度、强度、灵活性上,在对具体人物、事物和活动对象的态度、价值认识、抱负水平、行为趋向上表现出各自典型、稳定而独有的特征。这些差异或特征直接或间接地影响着羽毛球教学训练的效果。

(四)心理状态

心理状态是指个体在特定时间和环境中心理活动的综合表现,包括动机、认知、情绪、意志与注意等方面的活动特征。具体到运动场上,就是练习者随着教学训练过程和环境的变化产生的心理变化。

"心态决定一切",这句话虽然比较绝对,但也说明了心理状态的影响作用。无论个体的身体素质、技术水平、战术水平和心理、行为品质如何,练习者在羽毛球场地上、在教学训练或竞赛过程中,当时、当场的心理活动是影响他们运动行为表现的直接原因。积极、稳定的心理状态是正常甚至超常运动表现的心理保证,而消极、起伏的心理状态将导致运动表现的失常。

练习者能否认识到心理状态的重要性,归纳出良好心理状态的特征,发现自我良好心理状态的表现与体验,以及拥有调控心理状态的意识和技能,是他们能否经常表现出良好的心理状态,保证以最佳心态参与羽毛球教学训练和竞赛的重要认知保障。在日常教学训练中,教师和教练员要注意观察和了解、善于调节和控制练习者的心理状态,在教技术、练身体的同时,增强练习者调控心理状态的意识,学习调控方法,逐渐地使他们获得自我心理调控的技能和能力,尽力促使他们能够在各种环境下表现出积极而稳定的心理状态。

二、羽毛球教学训练对心理发展的促进作用

羽毛球运动是一项隔网击球的对抗性球类运动项目。技术复杂、战术多样、球速快、变化多,双方斗智、斗勇、相互制约,比赛时间长、消耗体能大。长期进行羽毛球运动教学训练不仅能使参与者的身体形态、生理机能和身体素质得到全面的发展,还能使他们的心理品质得到有益的完善。

(一)提高神经系统活动的敏捷性和灵活性

羽毛球教学训练的目的之一就是使练习者学习、掌握丰富多样的羽毛球技术动作,并能在竞赛对抗中熟练、灵活地运用。长期进行快速多变、随机应变的羽毛球技、战术练习,参与者必须学会在极短的时间内对对方的意图进行揣摩,对瞬息万变的球路进行预测,对对方击来的球进行判断并迅速做出最佳决策和相应的回球反应。这种快速的、变化无常的预测、判断、决策过程的重复训练,对提高神经系统的敏捷性和灵活性非常有益,对缩短练习者的动作反应时间,提高动作的协调性、灵敏性也有一定的促进作用。

(二)发展羽毛球专项运动知觉

羽毛球技术不仅复杂,而且要求准确地完成。对羽毛球运行和落点的控制主要依靠击球时手指、手腕操纵球拍与球接触时的精细用力,球拍接触球的位置、接触球的点、球拍与球保持的角度、挥摆前臂、甩腕压指的速度、方向等均由练习者手指、手腕的肌肉用力调控。长期进行羽毛球教学训练,参与者对手指、手腕肌肉用力差异性的感觉与支配将得到准确、精细的发展。

羽毛球练习者持拍击打羽毛球,球拍是其肢体的延伸。经常从事羽毛球运动,练习者对羽毛球拍的质量、重量、长度、大小、拍弦绷紧程度、弹性、力度、握柄粗细、光滑度等会产生细微的分化感知。

羽毛球是由动物羽毛制成的,重量轻、飞行快。对其形状、重量、弹性和稳定性,以及运行速度、高度、弧度、落点等运行轨迹的感知,是在长期从事羽毛球教学训练过程中发展起来的。室内温度、潮湿度以及风速、风向等对羽毛球的飞行有较大的影响,经常从事羽毛球运动者对风的感知特别敏锐。另外,场地感、球网感、光线感等也是经常从事羽毛球运动者得到良好发展的专门化感知觉。

(三)愉悦心情、调节情绪,形成良性的主导心境

作为大众健身的羽毛球活动既简便易行、老少皆宜,又变化多样,室内外均可开展,有较强的游戏性,因此深受不同人群的喜爱。作为竞技运动的羽毛球教学训练,竞争激烈、变化多、对抗性强、胜负难料,有很强的情绪体验性。在轻重、快慢、远近、高低、狠巧、飘转不同变化的羽毛球击打活动中,参与者内心充满了喜悦,击杀了一个好球或防接起对手一个绝杀,无不能使练习者精神振奋,产生自信、自我满足感和成功感。羽毛球运动具有情绪愉悦功能是得天独厚的,每一次参与羽毛球活动获得的快乐心情得到经常性的积累,有利于乐观的主导心境的形成和消极情绪的降低。

魏杭庆的研究表明,经过1年训练,57名浙江省残运会羽毛球选手和残疾人羽毛球爱好者的抑郁症状检出率由48.6%降至23.3%。抑郁量表(CES-D)中的烦恼、食欲减退、自卑感、空虚感、忧愁、注意障碍、情绪低沉、乏力、绝望感、睡眠障碍、无愉快感、言语减少、孤独感13项症状,从80%降至55.9%。可能有抑郁症状者、肯定有抑郁症状者、有严重抑郁症状者分别从61.4%、53.1%、38.2%降低到42%、36.1%、23.3%,差异显著($P<0.01$)。这个结果证实,羽毛球运动对减轻人的消极情绪有积极的作用。

(四) 磨炼意志

羽毛球运动是一项对参与者体能要求较高的项目。进入羽毛球场地,从事羽毛球教学训练或竞赛,就要不停地起动、奔跑、跨步、转体、跳跃、挥拍击球。羽毛球场地不大,但单打、双打都对个体提出了持续、高强度活动的要求。球一发出,就不能停顿。一球一球、一局一局,大强度的、连续的速度耐力运动,使参与者体内代谢产物堆积,身体疲劳、肌肉酸疼,心肺活动剧烈,有时每分钟心率达180次以上。练习者必须有坚强的意志品质,能够忍受疲劳和酸痛,不怕困难,肯于吃苦,坚韧、顽强。因此,羽毛球运动是培养个体意志品质的一个有效途径。

另外,羽毛球运动是直接对抗的球类项目,竞争双方相互限制、相互制约,每一次挥拍击球都在斗智、斗勇,"致对方于死地",因此,对培养参与者的竞争意识、进取精神,自信、果敢、不服输的品格,以及在关键时刻临危不惧、泰然处之等品质都有积极的效果。

(五) 培养团结协作、默契配合的精神

羽毛球运动有单打、双打项目之分。单打项目能培养练习者独立作战的能力,双打项目可提高练习者之间团结协作、密切配合、相互默契的合作精神。双打配对练习中,要求同队两名队员始终保持好前后场或左右场站位,发球或接发球后随球路的变化快速、协调地移动。两人的意识、思维和行动一定要统一。双打练习和比赛的击球速度快、下手狠、距离近,抢先进攻、平抽平打,拉开后场两底线的调动球和来回球的拍数也较多,球场情况更加复杂,要求练习者在长时间快速对攻中保持高度的注意集中、敏锐观察、准确判断、及时反应、灵活处理来球,在气势、斗志上还要压倒对手。

双打练习中,两人之间的相互尊重、相互认可、相互接受非常重要。2对2的竞争,每个人控制的场地缩小,对打的节奏、速度加快,难度加大,相互配合、协作与交流的机会增加。是埋怨还是鼓励,取决于两人对"一体化"的认可和与同伴"同舟共济、荣辱与共"的态度。一人出现失误或疲劳时,另一人的鼓励和"弥补"行为,可成为巨大的精神力量,激发同

伴一起奋战。因此,羽毛球双打练习有助于参与者互敬、互助、协作、配合精神的培养。

　　羽毛球教学训练的心理促进功能可能还有许多,其锻炼价值的实现也因个人需要的满足而有所不同。需要说明的一点是,以上积极功能的实现,必须是在遵循个体身心发展规律的前提下,依据体育教学、运动训练学原理和羽毛球运动专项特点,科学地计划、组织和实施羽毛球的教学训练,才能够取得。积极效应的获取是有条件的,并不是拿起球拍到运动场上一打就自然而然实现的。羽毛球教学训练安排不当,可能会对练习者的身体、技术、战术和心理发展造成不良影响,可能诱发错误的教学训练态度,造成过度的教学训练应激、比赛焦虑、人际关系紧张,甚至心理、社会适应障碍等问题,导致练习者对羽毛球教学训练的兴趣和乐趣缺失,回避、中断教学训练。这一点应引起教师和教练员的注意。

第二节　羽毛球专项运动心理特征分析

　　随着教学经验的累积和现代科学技术的发展,作为体育教学训练,尤其是竞技运动的羽毛球运动,近年来发展得非常迅速,其教学和练习方法也越来越多样化,竞争日趋紧张激烈,要求越来越高。羽毛球运动专项对练习者的身心发展有着特别的促进功能,长期参与羽毛球教学训练的个体表现出特有的专项心理特征。研究和把握羽毛球运动专项的心理特征,对进行心理选材和有针对性的教学训练及运动竞赛的心理指导有着重要意义。

一、"球感"

　　"球感好"是长期参与羽毛球教学训练和高水平羽毛球竞赛运动员表现出的突出的心理特征之一,也是打好羽毛球必备的心理基础,是从事羽毛球活动最基本、最重要的心理要求。

　　羽毛球专项运动中的"球感"是个体在长期从事羽毛球专项运动实践

中形成的对羽毛球、球拍,尤其是对持拍手臂肌肉用力击球时的精细分化的专门化知觉能力。它的特点是对球、拍、肌肉用力的各种物理、生理和时空、运动等特性达到了高度精确的感知与精细分化的发展和支配程度。

陈莉琳提出,羽毛球专项运动中的"球感"主要包括球性感、球拍感和手感三个方面的基本内容。

球性感主要指的是运动员对羽毛球的各种特性,如球的形状、大小、轻重,在不同温度、潮湿度等环境下,以及不同角度与不同力量击球时球的空间运动速度、方向与线路变化等特性的感知能力达到精细化发展的程度。

球拍感主要指的是运动员对羽毛球拍的特性认识,如球拍的形状、大小、重量、弹性、灵敏度和人与球拍之间的各种时空特性与运动特性等的感知能力达到精细化发展的程度。

手感主要指的是运动员对完成击球动作中人的生物运动学的特性,如各种握拍、引拍和击球瞬间相应的大小关节和肌肉活动的能力达到精细化发展的程度。

羽毛球运动技术的核心是击球,即练习者通过操纵球拍完成各种各样的击球动作。如能准确地感知和判断来球的运行轨迹及速度、高度、弧度、旋转、落点,练习者就能迅速地移动到理想的击球位置,与来球和即将要完成的击球动作形成最佳的时空关系,做好击球的准备姿势,掌握好击球时机,协调用力,并控制好击球瞬间的拍面、击球点和指、腕、臂肌肉发出的力量,使击出的球飞行路线及落点准确到位,实现练习者的技、战术意图。

构成"球感"的分析器有许多,包括肌肉运动感觉、视觉、听觉、触觉、平衡觉等。击球时,这些感觉分析器的联合协调活动,将内、外信息传至高级中枢进行分析综合,形成了人、拍、球、场地的运动与时空知觉的特定组合。久而久之,发展为羽毛球运动专项的专门化知觉——"球感"。

任何羽毛球技术都有其动作要领。技术动作要领掌握得好坏、快慢,与练习者的"球感"有直接关系。"球感"不仅影响技术动作的掌握,而且还能影响击出球的质量和落点的准确。"球感"好,可使练习者得心应手和随心所欲地进行各种形式的击球。"球感"是技术水平获得高度发展并出现竞技状态的心理标志。"手上有感觉"能增强练习者灵活自如地运用技术的信心,技术应用得心应手、游刃有余,还可以使练习者将注意力更多地集中到观察、揣摩对方,选择最佳技、战术打法上。因此,球感是各种水平羽毛球运动参与者必备的心理特征。

二、直觉性运动思维

高水平羽毛球运动员在运动场上表现出的另一心理特点是他们能够在很短的时间内做出更快、更有效的反应,即他们的心理和动作敏捷性好。在快速、激烈对抗、瞬息之间千变万化的竞赛中,优秀羽毛球选手之所以能够在极短的时间内,完成准确感知对手的意图、精确判断来球状态、迅速决策并做出正确回球动作,直觉性运动思维发挥着重要的作用。

直觉思维是一种由感知直接跳跃至结论的思维,它没有逻辑思维的复杂推理过程,直接、快速地再认、领悟出复杂情境中熟知的事物对象,是逻辑思维的"概括化"和"简缩化"。

漆昌柱等的研究报告指出,优秀羽毛球运动员直觉性运动思维中具有更多的"基于内部信息"的条件概念,表现出典型的"自上而下"的加工方式,即他们拥有更多的与专业知识和专项运动经验相联系的、结构化的运动知识和解决实践问题的心理图式(如刺激—反应的固定联结)。这些将会增加他们对外部信息进行感知的理解性,提高感知的效率和预测性,缩小作出决定时的搜索范围,在复杂的赛场环境中按简单反应的原则采取行动。

另外,优秀羽毛球选手具有更多的"条件—行动"概念表征,表现出"产生式"思维的特点,即他们拥有更多的在不同情况下如何完成羽毛球技术、战术打法的程序性知识和经验,拥有预先储备的"条件—行动"产生系统,在面对问题情境时能够快速地熟悉线索、提取、匹配相应而具体的操作反应,更高效地解决问题。

由于要完成直觉性运动思维和动作,羽毛球运动对参与者的注意强度和稳定性提出了极高的要求。在瞬间万变、稍纵即逝的情境中,注意力必须高度集中;在比赛的整个过程中,在身体疲劳的情况下,在裁判员、观众、媒体以及各种环境因素干扰中,都要保持高度的注意力集中性。如果在速度快、变化多的羽毛球竞赛中产生注意分散现象,尤其是在对手击球的一瞬间,"盯"不住对手的击球动作,将导致反应迟钝、动作迟缓,错过回球的最佳时机。因此,在准备迎接对手击球的时刻保持注意力高度集中是羽毛球练习者直觉性运动思维的重要条件之一。

优秀羽毛球运动员的直觉性运动思维是在长期训练和比赛中获得的,各种最佳反应的表现是从千万次实践中总结、提取出来,再经过训练、比赛固定下来的。只有经历大量的正误操作反应的反复对比、选择,对各种线索的整合与熟知,运动员才能够在对手刚刚完成击球动作后,迅速做出最合理、最恰当的反应动作。因此,优秀羽毛球运动员的直觉性运动思维也是通过长期实践不断地动脑筋摸索形成的。

三、运动情绪

羽毛球运动是使练习者的情绪体验产生较为深刻、变化起伏较大的一项活动。参与羽毛球运动必须与对手进行直接较量,胜负关系到自己的或更广范围的荣誉,双方求胜愿望强烈,心理紧张性和敏感性高。而羽毛球比赛的比分变化大,领先与落后转换多,且竞赛者的思维、情绪和行为易受裁判员和观众及场地环境的影响。复杂的变化和参与者的认识、期望,与剧烈的生理反应交互影响,使参与者可能产生的想法增加,进而生成强烈而多变的情绪体验,其作为最活跃的主观因素之一影响着练习者竞技水平的发挥。

羽毛球比赛采用的是"发球得分制",争得发球权,再争取得到 1 分比较困难。因此,在实力相当、比分接近或决定胜负的关键时刻,每得 1 分或失去 1 分,以及造成得分与失分的情境与因素,均可能使竞争者出现积极或消极的想法,产生增力或减力情绪,进而造成运动表现的起伏变化。

这种变化在羽毛球运动竞赛中表现得非常频繁,常体现在主动、被动和优势、劣势的转化之中,已成为羽毛球运动的特点之一。只有那些认知境界高、胜负观正确、思维杂念少、情绪调节能力强的竞赛者才能较好地调控好自己的心态与情绪。

四、运动意志

羽毛球运动是持续时间较长的项目之一,双方水平越高,实力越接近,竞争越激烈,体能消耗也就越大。为适应羽毛球运动的体能要求,教学训练的负荷越来越大,对练习者的意志品质要求也越来越高。在来回球很多,反复奔跑、起跳,多次挥拍击球中,得分或获胜者往往是那些意志顽强、坚忍不拔、坚持不懈者。

羽毛球运动对参与者技术动作完成的精确性要求高,必须经过重复训练,才能获得稳固的动力定型和准确的专门化运动知觉。因此,练习者要具备能够忍受长时间单调、枯燥技术练习的意志品质,耐得住寂寞、经得起"打磨"。优秀羽毛球运动员能够认识到"一分耕耘,一分收获"的含义,表现出"精益求精"的训练态度,主动适应一堂课数百次完成同一技术动作的单调练习,将每一拍练习都看作是成功的积累,因而化枯燥为乐趣,乐此不疲。

不论是羽毛球单打还是双打的教学、训练及比赛,参与者都要具备独立作战的能力,既要独自作出决定、处理各种问题,又要独自承受各种结果及其带来的影响。长期从事羽毛球教学训练的个体,表现出较强的适应外界刺激的干扰,承受内外压力,忍受精神负荷,在高度紧张的情境中保持着冷静、果断、坚强的品质,敢打敢拼,不畏强手,敢于承担责任。

陈黎雁认为,羽毛球运动中,主动与被动、领先与落后经常交替出现,水平越接近,变化越频繁,情绪体验越深刻;羽毛球赛制为三局二胜,前面比赛的结果对运动员引起的情绪变化会影响后面的比赛。因此,运动员必须用意志控制住自己的情绪变化。优秀羽毛球运动员在激烈竞争的比赛中,能够保持良好的心理状态,面对"白热化"的局面,表现出高度的自制能力。

五、个性心理特征

一般而言,各种个性心理特征的个体均可参加羽毛球教学训练,而且不同个性心理特征的羽毛球运动员均可达到高水平的运动表现。个性心理特征可能与练习者掌握技术的速度快慢有关,与运动员的打法风格有一定关系,并直接影响个体的行为表现习惯。作为教师或教练员,掌握羽毛球运动练习者的个性心理特征,有助于因材施教,有针对性地进行指导和管理。

张家骅认为,从精神运动的特性看,要求从事专项运动的羽毛球运动员必须具备很强的、高度灵活和平衡的神经过程;从气质特征上看,胆汁质、多血质、黏液质及其中间型都可以适合羽毛球运动的特点,而多血质和以多血质为主的或胆汁质或黏液质的中间型为最理想的羽毛球专项运动的气质类型。从性格特征看,高水平羽毛球专项运动员对待现实的态度特征是:对待专项运动活动具有目的性、事业性、主动性、独立性和创造性等;对待集体与他人具有集体主义精神、同情心、坦率性、原则性、热情等;对待自己具有自我批评精神、自尊心、自律性、谦虚、克己等;在行为方式上应为乐群、喜欢与他人合作,聪慧、富有才识、理智性强、独立、积极,情绪稳定、知己知彼,具有较强的攻击性并有恒负责,行为现实、得体、合乎成规,富于创造与预测、精明能干、勇敢果断、自立自强等。

下面,简单介绍几项我国学者关于羽毛球运动员个性特征的研究报告。

张璐斐采用80.8神经类型测试量表,对参加全国青少年羽毛球冬训的279名运动员进行了神经类型测试,并对部分运动员长期追踪测试研究。结果发现,比赛成绩好的运动员在大脑皮层神经细胞兴奋与抑制过程的集中程度上优于成绩差的运动员。研究者认为神经类型与运动年限无关,可作为选材的重要指标。

许实德等运用卡特尔16种个性因素量表对广东省35名羽毛球运动员的个性特征进行了测试。结果表明,除不同运动水平的羽毛球运动员具有相同的个性特征外,优秀男运动员还具有善与别人相处、聪慧、冒险敢为、自信心强等特征;而优秀女运动员具有情绪较稳定沉着、有恒负责,但较紧张忧虑、自信心较差等特征。研究者建议,在羽毛球运动员心理选材时应选拔那些具有适应力强、沉着果断、情绪稳定、聪慧、自信心强的运动苗子。

陈跃采用艾森克人格问卷、成败归因量表和竞赛焦虑量表对3名我国优秀女子单打选手的心理特征进行了测试和分析。结果表明,3人的性格都属于正常人范围,没有明显的差异,且社会性表现较强,偏外向,情绪活动略显强烈。她们易将成功、失败均归因于自己的能力;认知焦虑在失败情境中得分较高,自信心水平有时在成功时还较低。研究者提出,培养选手运用辩证的观点和方法分析对手,正确认识自己,提高自信心水平,降低认知焦虑,是增强我国优秀女子单打运动员比赛竞技能力的关键。

第三节　羽毛球专项运动的心理训练

心理训练是有目的、有计划地对练习者的心理过程和个性心理特征施加影响的过程,也是采用特殊的方法和手段使练习者学会调节和控制自己的心理状态,获得最佳竞技能力的过程。

心理训练是现代运动训练体系中不可缺少的重要组成部分,它影响、制约着练习者身体、技术、战术水平的改善和提高,可促进练习者心理过程的完善,个性心理特征的专项化,高水平心理能量储备的获得,训练和比赛环境的适应,为达到最佳竞技状态和创造优异成绩奠定良好的心理基础。

一、心理训练的基本原则

(一)自觉、主动、积极参与

心理训练要求练习者自觉、主动、积极地参与,不可被动地服从,对心理训练有怀疑或阻抗态度的个体难以取得好的练习效果。只有认识到心理训练的重要意义，相信心理训练的功能，产生完善心理品质的愿望，主动自查心理问题，积极掌握心理训练方法，心理训练的效果才会更好。自省自悟、自知自制，才能自立自强，将心理训练持久地坚持下去，使自我心理调控能力得到全面的提高。

(二)长期、系统训练

与身体、技术、战术训练相同，心理训练也应当长期、系统、不间断地进行，贯穿练习者或运动员培养的各个过程与环节。因为个体的成长是身心和社会适应能力的发展过程，需要在各个方面一点一滴地养成，忽视了哪个方面的培养都会影响人的全面发展和整体提高。另外，心理技能的获得与保持，也需要有目的、有计划、有步骤地组织实施，需要学习和练习，熟练、巩固和应用，才能在心理和躯体反应之间建立稳定的联系，在教学训练和比赛时发挥作用，临时抱"佛脚"是不可行的。

(三)与专项相结合

运动心理训练与一般的心理训练是不同的，其主要目的是促进练习者更好地掌握技术动作、战术配合，更充分、稳定地在比赛中正常甚至超常地发挥竞技水平。心、技、战、体本来就是一体，缺一不可，不能人为地分家。实际上，很多专项训练中蕴含着心理训练因素，技术、战术、身体教学训练中的要求也有许多心理内容。当然，专项运动心理训练是以一般心理训练为基础的。

心理训练为专项提高服务的目的必须明确，应选择、设计、实施那些与羽毛球运动专项特点结合紧密的心理训练，并不断地挖掘专项训练中的心理要素。

(四)与认知调节相结合

通过心理训练可使练习者获得一些自我调控的技能，但个体在运动场上的表现往往受"一念之差"的影响，即对教学训练和比赛当中出现的各种事件的认识、想法、念头等对练习者或运动员当场、当时的情绪、意志及运动行为表现有直接的影响。造成发挥失常的临场原因就是那些消极的认知,再好的身体素质、再巩固的技术定型、再合理的战术打法、再充分的赛前准备都可能被一时的负性想法抵消、冲垮。因此,在加强心理训练的同时,还要进行认知调节,以及心理咨询、心理教育、心理动员工作,理清练习者参训、参赛思路,调整心态,端正动机,明确积极看法,做好应付、克服各种消极想法的准备。

二、羽毛球运动专项心理训练

(一)"球感"训练

羽毛球教学训练中的"球感"培养是以发展练习者对羽毛球、球拍和手指、手腕、前臂肌肉用力的感受性为主要内容的训练,其目的是降低练习者相关感觉的绝对感觉阈限和差别感觉阈限,提高练习者对击打羽毛球的肌肉运动觉、视觉、关节肢体变化觉和平衡觉等感觉的绝对感受性与差别感受性。

首先,要通过演示、讲解和观察,使练习者对羽毛球的质地与飞行特点有深入地了解,全面地认识羽毛球的构成和属性,提高判断从不同地点、方向、高度、速度来球运行特征的能力。

其次,通过观察、触摸和挥拍击打羽毛球,加深练习者对羽毛球拍的感知,了解球拍的构造特点和拍弦的属性,体会球拍接触、击打羽毛球时的感受与打出球的飞行效果,认识球拍与球体之间的相互关系。

第三,通过采用各种持拍和击球方式,利用手指、手腕、手臂的各种肌肉用力大小和方向变化,将各种来球击打至各种高度、距离、速度、弧度、旋转、方向和落点,反复练习,提高肌肉用力的差别感受性。

第四,结合各类击球技术的专项教学训练,如采用各种方法的颠球、对"圈"击球、对"线"击球、对"点"击球、"一点打多点""多点打一点",以及网前搓、勾、挑、推球和中、后场的吊、点、杀球等的有效方法,提高羽毛球"球感"。

"球感"训练要本着由易到难、循序渐进、经常不断的原则进行。不论什么水平的练习者都要加强"球感"练习,因为"球感"不是一成不变的,停止练习、情绪过度紧张、精神和身体疲劳等都会造成"球感"下降,甚至消退。羽毛球技术水平高低的体现之一就是"球感"。没有了"球感",击球失误增多,练习者的竞技水平就无从谈起了。

(二)动作反应训练

羽毛球教学训练中动作反应的训练是以提高练习者感知、判断和应答动作反应敏捷性、正确性为主要内容的练习。

从羽毛球练习者对各种主客观的刺激作用的反应过程看,反应过程是由知觉刺激物、动作类型归类(表象再认)、判断与确定对方的意图与战略战术思想、选择相对应地有效应答动作、实现反应动作等因素组成,其中最重要的是准确、迅速的感知、判断和做出应答反应动作的能力。

影响羽毛球练习者动作反应快慢的主要因素有:对对方动作意图的判断能力,对对方击打来球的观察能力,回击球的决策、速度与正确性,回击球动作的速度与准确性,敢于迎球而上的勇气,注意力的集中,适宜的中枢兴奋程度,良好的体能状态等。

从以上分析可以看出,对对方来球和自己回击球的"判断—决策—动作反应"匹配的丰富性与适应性、拼搏精神,以及大脑中枢和身体的适宜状态等是决定羽毛球动作反应的主要原因。教学训练时要从这几个方面着手提高练习者的动作反应能力。

首先,要让练习者认识到,羽毛球运动中对方击杀球、平抽球和各种变化球很多,应有心理准备,不论怎么变化、不论对手在什么位置抽杀,都要相信自己能够接起,要有"打不死"的精神和力争"起死回生"的"求生"欲望。这点勇气都没有是无法练好动作反应和实战中的接杀球或"二次"反应动作的。

其次,要在教学训练中安排多种动作反应练习,如二打一练习、接杀球训练等,指导并启发练习者寻找判断线索,选择最佳决策,做出正确动作反应。要在教学训练和比赛中,经常反复多次地练习,对实践的结果不断地分析、总结、归纳、提炼出反应要点,再在实践中体会。要通过实践、认识、再实践、再认识的过程,提高练习者的羽毛球专项思维和动作敏捷性,直至能够形成直觉性动作反应。当然,在练习中也要灵活多变,防止被对手的假动作欺骗。

第三,要加强"组合技术"练习,将单一而相关的技术综合起来,将来球与回击球的动作对应起来,形成"组块",使练习者能掌握和熟练应用,并"储存"在头脑中。"动作组块储存"的量越多,练习者在复杂情况下做出正确而快速判断和动作反应的可能性就越大,技、战术运用的灵活性也就越强。

练习中,要指导练习者保持注意力的集中和适宜的兴奋状态,以提高反应性练习的效果。例如,要指导练习者在对手击球时的一刹那将注意集中于对方的球拍上,球拍接触球后再迅速作出对来球的判断,快速移动脚步;对方球拍未接触球时不得猜测对方出球的球路;接球前,要不停地移动步法,使身体保持活动状态,便于随时起动。

平时要加强爆发力和各种快速动作变化的灵敏素质练习,为做出反应动作奠定体能基础。在比赛之前,要分析对手的打法和动作特点,必要时要安排模拟练习。对对手打法越熟悉,判断才会越准确,动作反应才会越快而准确。

(三)注意集中训练

羽毛球教学训练中的注意集中训练是以提高练习者将心理活动集中指向于与完成羽毛球技、战术动作有关线索的能力为主要目的的练习。

注意力的集中是从事羽毛球运动所需要的最基本的心理技能之一。注意是伴随练习者完成每一个技术动作的心理活动,练习者打每一拍球和接每一拍球时都要集中注意,只有注意地"发球",注意地"接发球",注意地"杀球",注意地"接杀球",处理球的效果才会更好,很难想象心不在焉地打球会有好的效果。注意集中是练习者投入教学训练和比赛中的标志,也是运动员排除内部杂念与消极情绪的关键。练习者将思维集中到完成技术动作的要领上,由于注意空间容量的有限,消极思维在头脑中就没有存在的余地,伴随消极思维而生的消极情绪也就不可能出现了。

根据注意选择性的原理,羽毛球练习者在运动实践中将什么选作注意的对象影响着他们注意的指向性。应当对复杂的运动情境刺激进行有效的筛选,提取与完成羽毛球技、战术动作最有关的线索,作为运动实践中心理活动指向的对象进行注意集中训练。

如发球时,集中注意按顺序完成发球动作:①观察对方位置;②决定发球方法和落点;③深呼吸一次;④做好发球准备姿势;⑤将球发出。接发球时:①选好接发球位置并做好准备姿势;②观察对方发球的准备姿势;③注视对方的抛球和挥拍动作;④判断来球;⑤选择接发球技术接发球。

反复按制定的注意顺序进行默念和实战练习,形成定型,教学训练和比赛时无论出现什么情况都可排除干扰,按既定的心理活动定势做出反应。

提高注意的强度,即持续聚精会神、深入注意的能力,需要练习者保持对教学训练和比赛的高度热衷,完全忽略对比分、胜负、名利的追求,表现出对完美过程的强烈渴望与沉浸,自我全身心地融入练习或比赛之中,达到一种迷恋或忘我的境界。一般的注意力集中训练,如看秒针、分针等,可以提高练习者的集中注意的持续时间,应适当地进行练习。但若要达到高水平的注意集中状态,还需要加强练习者对教学训练和竞赛动机、心理定向、思维控制、最佳心理状态等方面的教育和指导。

另外,为保持注意集中的持续性,练习者应学会该注意时要高度注意,如本人击球和对方击球时要高度集中注意力;而该精神松弛时要松弛精神,如打完一球或一局球时,不要总是高强度地注意集中,使心理能量过度消耗,以致关键时刻反而因为精神疲劳而造成中枢神经的抑制。

为适应羽毛球比赛场地小、观众近、比较喧闹,以及光线、风速、风向、场地走向等环境因素的影响,防止练习者注意力被吵闹声、各种彩旗及环境因素干扰,赛前练习时可有意制造与比赛环境相似的情境,提前让练习者适应气氛。

应激是干扰练习者注意的内部心理原因。过度应激将造成练习者注意狭窄、混乱甚至一片空白。应激调节有助于注意力的集中。疲劳和伤病也是影响练习者注意集中的因素。加强疲劳状态下的技、战术练习,提高练习者的意志力可减少疲劳对注意力的影响。生病、疼痛引起注意力转移和分散,是一种保护机制。一般情况下,练习者有伤病时应停止参与教学训练,要及时治疗,待伤病痊愈、身体机能恢复后再进行练习。

(四)运动表象训练

运动表象是人脑中重现或创造出来的运动动作或运动情境。运动表象训练是利用练习者的运动表象,来提高和巩固运动技能、练习战术打法、模拟比赛情境、调节情绪和增强信心的心理训练方法。

运动表象的技术训练功能主要是练习者在头脑中重现某个技术动作的同时,相应的神经和肌肉也产生微弱的活动。这种内部的演练活动与外显的实际练习相似,因而也能达到技术动作练习的效果。其战术练习功能主要是练习者在头脑中想象战术打法的线路或双打配合移动的情境,进而熟练已有或创造出新的战术打法。通过回忆比赛情境,或通过观看比赛场景的图像等手段,在头脑中反复想象比赛过程或情境,体验比赛的紧张性,这就是表象训练的模拟比赛功能。

情绪紧张时想象安静、舒适、美好的情境,如想象海浪、沙滩、小溪、清风、鸟鸣等能使情绪平静下来。反复表象成功的动作和体验,可以提高练习者完成技术的信心。这是表象训练的情绪调节和增强信心的功能。

进行运动表象训练应当编写好动作要领和情境表象的提示语,熟记或做好录音。

实际表象训练时要在安静的环境里,首先放松身体和心理,然后默念提示语,同时在头脑中产生相应的动作体验或情景形象,要动员多种感官参与表象,努力做到完整、连续、形象、逼真,提高表象训练的实际效果。

(五)意志训练

羽毛球教学训练中的意志训练是以端正练习者的参与动机,提高克服各种困难的决心和品质,充分发挥主观能动作用,坚定、顽强、坚忍不拔地努力实现运动目的为主要内容的心理训练。

练习者的运动动机是否端正、目的是否明确、情绪情感是否高涨、对困难估计是否充分、知难而上的习惯是否坚固,以及身体与技、战术训练水平是否较高等,是影响练习者意志品质与表现的主要因素。

运动动机和目的是激励练习者战胜困难的强大内部心理动力,起着强化和维持运动行为的功能。练习者强烈而明确地感受到参与羽毛球教学训练的需要和愿望,树立起积极、长远、现实而具有挑战性的羽毛球专项运动目标,深刻地认识到自我运动参与的动因内涵及其意义,确信自己运动信念的正确性,在克服教学训练中的障碍时决心就大,行为就坚决。"知之深"才能动力大。教师和教练员要经常对羽毛球教学训练参与者进行运动动机与目的教育,提高他们的认识和运动抱负水平,坚定信念,为克服困难打好认知基础。

情绪情感对意志表现有积极的"增色"作用,赋予运动行为以丰富的感情色彩。增强的情绪情感可给练习者以巨大的力量感,动员更多的生理能量参与运动活动,发挥超出平常的身体能力,完成平时无法完成的动作。因此,提高练习者对羽毛球运动参与的热爱与追求程度,增强教学训练和竞赛参与良好表现的义务感、责任感、使命感,采用有效的方法调动练习中的情绪情感,发挥情绪情感的积极动力作用,"变精神为物质",对提高他们战胜困难具有精神上的促进作用。

羽毛球教学训练中困难重重,必须有心理准备和心理定势。总想着一帆风顺、轻轻松松,遇到挫折就会打"退堂鼓"。练习者应对所面临的困难有充分估计,随时做好迎接困难与挑战的准备。

遇到困难是知难而上还是知难而"退",与练习者平常养成的意志行为习惯有关。习惯是个体"刺激—反应"自动化的一个标志,养成了不良习惯,遇到刺激就会自动出现相应的不良行为;而养成了良好习惯,遇到刺激就会自动出现良好行为。"习惯成自然",形成了遇到困难咬牙坚持下来的习惯,练习者将很容易做出良好的意志行为表现。抓好平时的每一个行为不放松,就可养成良好行为习惯;习惯的一贯表现,将融进个体的性格之中;性格的固化,就会成为品质。品质在练习者的教学训练和竞赛中起着至关重要的作用。

意志训练的具体方法之一是安排"反向"练习,即在练习者意愿相反的方向上安排练习。如疲劳想休息时继续练习,气候恶劣想在室内练习时坚持安排室外练习,不愿意在逆光场地上练习就安排在该场地练习,害怕高强度的练习就安排多球练习、多人打一人训练、"最后一组"训练、极限训练等,有意识地给练习者出难题,不遂他们的心愿,不让他们感到舒服。另外,适应性的训练比赛,如比分落后、领先、相持或关键球的训练比赛,裁判员漏判、错判甚至反判的训练比赛,根据比赛对手、程序、环境、生活、气候条件和体能要求等安排的训练比赛,都能对练习者的精神和意志进行磨炼。

(六)应激控制训练

应激是指个体所感知的环境要求与自认为的自我能力之间存在不平衡时产生的身心反应。应激的产生包括外部环境刺激(应激源)、个体的认知和身心唤醒反应三个要素。

教学训练和比赛场内、外环境,对手、裁判员、教练员、观众、新闻媒体及其活动,比分、成绩等,都可能影响练习者,成为应激源。个体对这些外部环境因素的评价、态度、看法等是外部刺激到身心唤醒之间的认知过程。唤醒是个体表现出来的身心活动水平(表6-1)。

表6-1 应激时身心唤醒水平的一般变化

生理变化	心理变化	行为变化
心率加快	忧虑	说话匆忙
血压升高	不安	咬手指头
汗腺分泌增加	优柔寡断	脚敲地
呼吸加快	自我感到忙乱	肌肉痉挛
脑电活动加强	注意力不集中	踱来踱去
瞳孔扩大	注意力转移能力下降	眨眼
皮肤血流减少	自我控制力下降	打呵欠
肌紧张增加	感到与以往不同	发抖
吸氧量增加	注意力狭窄	声音嘶哑
血糖升高		
尿频		
肾上腺素分泌增加		

应激有两种产生形式,以是否产生消极思维活动或出现唤醒变化来划分。

(1)环境刺激—唤醒—消极思维—应激

(2)环境刺激—消极思维—唤醒—应激

过度应激会对练习者产生很大的消极影响,必须加以控制。控制应激可针对其产生的三个因素,从三个方面着手实施:环境控制、身体应激控制、认知应激控制。

实施环境控制时,一方面要减少教学训练或比赛的不确定事件,如让练习者充分了解练习的内容、方法、运动负荷,比赛的时间、地点、规程、对手情况等,使他们对练习和比赛有精神准备,心里有底;另一方面要降低外界对竞赛结果的重要性的评价,如尽量说服参赛者的亲属、朋友、领导和媒体等将所谓重要的比赛看作与平常一样的一场比赛,不要过分渲染,不要强调结果带来的影响,以免转移参赛者的注意力,干扰对比赛的准备。另外,可采取回避的方法,如进行封闭训练,暂时避开外界的影响,集中精力准备比赛。当然,最主要的是提高练习者或参赛者对外界环境干扰的适应能力,增强"抵抗力"。

实施身体应激控制的方法有许多,主要是让练习者学会放松技能并与教学训练或比赛紧密结合、自如应用。呼吸放松法、自生法、渐进放松法、生物反馈放松法、表象放松法、自我暗示放松法等都是一些有效的放松方法,能在应激时降低身体唤醒水平。身体放松训练旨在大脑和躯体之间建立双向联系,也就是在意念与自主神经系统反应活动之间建立固定联系。因此,必须长期坚持练习,才可能将心率控制在理想的次数上,将血压控制在需要的高度上,更重要的是将思维控制在"静"的念头上。短期练习无法取得应有的效果。

认知应激控制是基于"思维决定情绪"的原理实施的,也就是有害的思维方法、消极评价是应激产生的主要根源,应加以转变。消极思维往往是以自我谈话、自我暗示的方式出现的。对消极自我谈话的识别、阻断消极思维、用积极而富有理性的思维替换消极思维是控制、转化某一消极思维的基本程序,其目的是要提高练习者对自我谈话的辨别、分析和控制水平,及时摆脱消极观念,制定建设性自我暗示的具体内容,并能够针对相应的情境和消极思维加以应用。自我意识差、任消极信念充满头脑而不加以阻止、缺乏理性思维能力、不针对问题情境与杂念做出认知应付准备,是造成练习者或参赛者思维失控的主要原因。

认知应激控制也不是一件容易做到的事情,因为个体头脑中早已形成了很多习惯化的思维和信念,而且非常牢固。若想转变,往往需要激烈的辩论、深刻的反思、反复的论证才可能重新构造积极而有理性的信念。例如要求练习者在羽毛球教学训练和比赛中"注重过程不想结果",就与他们"永远争第一"的信念相矛盾。他们想不通,不能接受,要转变起来就非常困难,这对练习者的悟性和说服者的能力提出了较高的要求。

认知应激控制练习的一般步骤是,选择练习者的一个经常出现的问题情境,让他回忆当时出现的想法;对当时的想法进行讨论、分析,找到消极的内容;探讨此消极信念对当时情绪和行为的影响;研究能否用积极、合理的想法替代当时的消极想法;制定对应当时情境的积极、现实、简短而具体的暗示内容;利用想象,将合理自我暗示应用于相同的情境;在相同情境的实践中应用。

如一名练习者经常在第一局关键球失利后,第二局放弃争夺。回忆当时的想法是:"好运动员在处理关键球时是不会出错的,我在处理关键球时出错,我不是好运动员;对手在处理关键球时没有出错,对手是个好运动员,我打不过他/她。"这种思维的主要问题是将处理关键球不能出错绝对化了,并作出了对手处理关键球没有出错就比自己水平高的推论。这种绝对化的推论影响了对自己及对手实力水平的估计,使他/她的情绪低落,拼搏精神下降,放弃了比赛的动力。教师和教练员应当同他/她一起分析这种思维的消极影响,用思辨和事实依据对其不合理的观点进行驳斥和纠正。然后,一起制定合理思维的暗示语:出错是正常的,失利是暂时的;能打到关键球,双方水平差不多;下一局拼回来。反复进行想象练习,然后在实践中应用,直至能够以合理的想法应付类似的情境。

三、羽毛球比赛的心理调节

(一)赛前心理准备

1. 端正比赛态度

在比赛之前,可采取集体讲座、小组讨论、个别谈话等形式,引导参赛者将比赛看作检验平时教学、训练水平,展示自我才能,考验、锻炼自己,积累经验,享受竞争体验,与对手交流技艺、相互学习的一次好机会;让他们认识到放下比赛胜负的包袱,排除杂念,轻装上阵,才能正常发挥自己的竞技水平,发挥自己的竞技水平就是成功。

2. 树立正确的比赛心理定向

比赛心理定向是参赛者在赛前、赛中持有的注重比赛过程还是注重比赛结果的思维活动指向或定势。正确的比赛心理定向应当是关注自我,关注技术动作、比赛过程和关注现在、当前的比赛活动;不正确的心理定向是关注他人,关注比分和比赛结果,以及关注过去和将来的得失。正确的比赛心理定向应当是哪些是个人能够控制的因素,而不正确的就是哪些是个体无法控制的因素。因此,应分析出羽毛球比赛中哪些因素是参赛者能够控制的,哪些因素是不能控制的,并指导他们认识与努力做到:能够控制的因素就将它们控制好,控制好了自然就能获得应有的结果;不能控制的因素不必花费精力去控制它们,它们超出了个人控制范围,想方设法控制它们只能白费身心能量;能够控制且准备好了的因素不必担心,因为已经做好了应有的准备;不能控制的因素也不必担心,因为它们不是应当考虑的因素。教练员经常提到的"你打你的,我打我的,以我为主(注重自我);打一球,甩一球,球从零开始(注重现在);完成动作、想战术,结果自然而来(注重动作、过程)",才是竞赛参与者应当确立的比赛心理定向。

3. 设置恰当的比赛目标

比赛目标是参赛者在赛前期望获得的比赛结果。比赛目标可以是名次的,如获得第一名;可以是成绩的,如 100 米跑达到 11 秒。可以是胜负结果的,如战胜对手;可以是技术完成成功率的,如正手杀直线球成功率达到80%。可以是模糊的,如尽力而为;可以是具体的,如正手吊对角线成功率达到90%。可以是可控的,如反手发网前球成功率达到95%;可以是不可控的,如以15比0击败对手。设置比赛目标应当遵守现实、有挑战性、具体、可控、可测等原则。难度过高或过低的目标激励作用都不大,模糊的目标缺乏针对性,超出能力控制的目标易使参赛者产生"想赢怕输"或推脱责任的念头,不可测的目标难以量化。追求每一个技术动作和击球效果的成功率,打好每一拍球,而不是苛求一拍"杀死"或"吊死"对方,是羽毛球比赛目标设置应当特别注意的问题。

4. 增强自信

自信是参赛者对实现正确比赛目标所具有的确信程度。自信来自比赛成功经验的积累,是参赛者对自己能力的肯定,是对期望要求与技、战术水平自我估计之间差异的正确平衡。增强自信的关键是促使参赛者能够经常自知自评、自省自悟,进而达到自我控制、自我强大与自我超越。自信是自我的一个部分,自我在个体心理调节中起着主导作用,任何外部的影响都要通过自我才能发生作用。参赛者主动地认识自我、了解自我,通过各种渠道发现自我的弱点与优势,理解问题原因所在,克服弱点、发扬优势,自觉地调控杂念和消极情绪,坚持一贯的专注和平常心态,完成赛前既定目标的信心就会增强,进入自我巅峰和自我超越状态的可能性才会增大。否则,不知或不愿认识自我,对自我缺乏正确判断,对自己处于什么状态也不知道,自己的优势和问题不清楚,不主动调控自我,面对比赛任务心高气傲或心灰意冷,都不可能产生有助于实现目标的比赛信心。

5. 加强模拟训练

模拟训练是一种将训练条件安排为与比赛条件相似的情况下进行训练的方法,目的是使参赛者在赛前就能适应比赛的环境,不至于由于比赛环境的变化造成新异刺激而使参赛者的注意力发生转移或分散,干扰了正常技、战术水平的发挥。模拟训练通常有两种方法:一种是实战模拟,即安排在环境、气候、温度、湿度、场地、时间、过程程序、运动负荷、对手、裁判员、观众、比分等方面与比赛相似的条件下进行训练比赛,经常采用的如打"加分"训练(模拟关键球情境)、"让分"训练(模拟落后球情境)、"二打一"训练(模拟杀球凶猛选手)、"一打二"训练(模拟防守出色的选手)等;另一种是通过语言、图片、图像等进行的模拟训练,注重在头脑中进行适应性演练。无论什么模拟训练,重要的是要求练习者必须端正训练态度,一定要以比赛的标准、认真的心态、紧张的情绪、高昂的斗志进入模拟训练,提高模拟训练的"内适应"效果。

(二)赛中心理调节

心理调节是指针对参赛者的临场心理或行为表现,采用某些方法、手段使他们的心理发生短暂而积极变化的过程。常用的心理调节方法有很多,如呼吸调节法、暗示调节法、音乐调节法、活动调节法、发声调节法、表情调节法、回避信息调节法、闭目静坐调节法、思维阻断调节法等,采用哪种调节方法取决于参赛者对各种方法的熟知、认可,个性与习惯、与比赛专项的结合程度,以及赛前练习和运用的效果。长期、系统地练习和应用,形成习惯自然,能够在适当的时机灵活应用,是提高赛中心理调节效果的基本要求。

(三)赛后心理调整

比赛前和比赛中,参赛者消耗了很多生理、心理能量,赛后应当进行积极调整,使参赛者的身体与精神恢复到正常状态,为以后的训练和比赛做好准备。心理调整时,首先可以通过谈话或咨询解决比赛结果带来的消极认知效应,正确看待胜负,防止胜利时得意忘形和失败时灰心丧气,对后继训练、比赛带来不良影响。要在肯定成绩的同时,指出成功者的不足,避免过高的和虚假的自信心发展;对失败者要指出比赛中的良好表现,明确努力方向,防止自信不足,出现自我贬低。

其次,应对教练员、教师与参赛者之间,以及参赛者之间的人际关系进行重新评价和调整,消除由比赛胜负造成的紧张关系和埋怨、对抗情绪,为下一步训练、比赛创造良好的人际氛围。

另外,还可以采用语言诱导、自生法、轻松音乐,以及组织文娱活动、旅游观光等方法转移注意力,放松精神,消除身心疲劳,恢复身心能量。

参考文献

[1]陈浩,郑其适,王少春.羽毛球运动[M].杭州:浙江大学出版社,2014.12.

[2]陈颖.羽毛球运动技术教学与战术应用研究[M].哈尔滨:哈尔滨地图出版社,2019.08.

[3]陈治,李少龙,刘文方.现代羽毛球技术教学与训练[M].郑州:河南大学出版社,2014.10.

[4]华斌.新编羽毛球入门与提高[M].赤峰:内蒙古科学技术出版社,2017.10.

[5]黄岩,陈天宇,李杭杰.羽毛球运动身体训练指南[M].北京:人民邮电出版社,2020.05.

[6]蒋湘之.羽毛球教学和训练[M].北京:九州出版社,2017.05.

[7]李磊.羽毛球专项教学理论与实践研究[M].成都:电子科技大学出版社,2018.03.

[8]李鑫.羽毛球文化的传承与运动科学[M].北京:冶金工业出版社,2018.10.

[9]刘冉.羽毛球运动教学体系构建与创新研究[M].北京:中国书籍出版社,2018.05.

[10]牛清梅.羽毛球理论与实训[M].西安:西北工业大学出版社,2012.03.

[11]潜沉香,张丹生,洪庆林.羽毛球运动的教学理论与训练方法研究[M].北京:光明日报出版社,2014.11.

[12]曲振琳,马超,岳腾.羽毛球专项技术指标及评价研究[M].沈阳:辽宁大学出版社,2021.12.

[13]沈乐群.羽毛球健身理论与实践技术研究[M].长春:吉林大学出版社,2016.08.

[14]史芙英.羽毛球[M].北京:科学出版社,2017.01.

[15]谭云飞.羽毛球专项运动技能训练的实践研究[M].长春:吉林大学出版社,2012.08.

[16]宛祝平.羽毛球[M].长春:吉林科学技术出版社,2011.05.

[17]武东海.羽毛球健身理论与实践[M].广州:暨南大学出版社,2013.10.

[18]夏云建.羽毛球基础技术教程[M].武汉:华中科技大学出版社,2019.01.

[19]肖杰,刘萍萍,刘勉.羽毛球[M].南京:江苏科学技术出版社,2018.03.

[20]徐大鹏,王颐,史博.羽毛球[M].北京:中国少年儿童出版社,2019.09.

[21]徐刚.现代羽毛球专项竞赛体系与训练参赛机制[M].北京:北京体育大学出版社,2016.06.

[22]杨敏丽.羽毛球教学与训练[M].北京:北京体育大学出版社,2012.05.

[23]张俊霞.超级羽毛球技术[M].北京:北京体育大学出版社,2015.05.

[24]张瑞林.羽毛球运动教程第2版[M].北京:高等教育出版社,2017.08.

[25]赵彬彬.羽毛球运动与实践[M].长春:吉林人民出版社,2017.07.

[26]郑超.羽毛球教程[M].北京:北京交通大学出版社,2010.04.

[27]郑兆云,许绍哲.羽毛球[M].北京:北京体育大学出版社,2010.04.

[28]朱晓菱,倪伟.体育健康与实践[M].上海:上海大学出版社,2021.07.